essentials

essentials liefern aktuelles Wissen in konzentrierter Form. Die Essenz dessen, worauf es als „State-of-the-Art" in der gegenwärtigen Fachdiskussion oder in der Praxis ankommt. *essentials* informieren schnell, unkompliziert und verständlich

- als Einführung in ein aktuelles Thema aus Ihrem Fachgebiet
- als Einstieg in ein für Sie noch unbekanntes Themenfeld
- als Einblick, um zum Thema mitreden zu können

Die Bücher in elektronischer und gedruckter Form bringen das Fachwissen von Springerautor*innen kompakt zur Darstellung. Sie sind besonders für die Nutzung als eBook auf Tablet-PCs, eBook-Readern und Smartphones geeignet. *essentials* sind Wissensbausteine aus den Wirtschafts-, Sozial- und Geisteswissenschaften, aus Technik und Naturwissenschaften sowie aus Medizin, Psychologie und Gesundheitsberufen. Von renommierten Autor*innen aller Springer-Verlagsmarken.

Markus H. Dahm · Benedict Novak

Start-up-Kooperationen

Wie etablierte Unternehmen und Start-ups erfolgreich kooperieren können

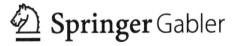 Springer Gabler

Markus H. Dahm
FOM Hochschule für Oekonomie &
Management
Hamburg, Deutschland

Benedict Novak
Rhede, Deutschland

ISSN 2197-6708   ISSN 2197-6716   (electronic)
essentials
ISBN 978-3-658-42259-2   ISBN 978-3-658-42260-8   (eBook)
https://doi.org/10.1007/978-3-658-42260-8

Die Deutsche Nationalbibliothek verzeichnet diese Publikation in der Deutschen Nationalbibliografie; detaillierte bibliografische Daten sind im Internet über http://dnb.d-nb.de abrufbar.

Planung/Lektorat: Angela Meffert
Springer Gabler ist ein Imprint der eingetragenen Gesellschaft Springer Fachmedien Wiesbaden GmbH und ist ein Teil von Springer Nature.
Die Anschrift der Gesellschaft ist: Abraham-Lincoln-Str. 46, 65189 Wiesbaden, Germany

Was Sie in diesem *essential* finden können

- Verschiedene Methoden und vielfältige Werkzeuge, mit denen Sie aktives Kooperationsmanagement erfolgreich umsetzen können
- Verständnis und Kenntnis der Motive der Partnerunternehmen
- Wie Vertrauen in die Beziehung aufgebaut wird
- Umfangreiche empirisch fundierte Handlungsempfehlungen für optimale Kooperationen

Vorwort

Start-ups sind in den letzten Jahren zu einem wichtigen Bestandteil der Wirtschaft geworden. Diese Unternehmen haben die Fähigkeit, durch ihre Agilität, Kreativität und Innovationen neue Geschäftsmodelle und Technologien zu entwickeln, die das Potenzial haben, ganze Branchen zu revolutionieren. Auf der anderen Seite stehen etablierte Unternehmen vor der Herausforderung, mit den schnellen Veränderungen im Markt Schritt zu halten und ihre Wettbewerbsfähigkeit aufrechtzuerhalten.

Eine Möglichkeit, Herausforderungen auf beiden Seiten zu bewältigen, ist die Zusammenarbeit zwischen Start-ups und etablierten Unternehmen. Start-ups können von der Erfahrung, dem Know-how und den Ressourcen der etablierten Unternehmen profitieren, während die etablierten Unternehmen von der Agilität und Innovation der Start-ups profitieren können. Die Zusammenarbeit zwischen Start-ups und etablierten Unternehmen kann jedoch auch herausfordernd sein, da beide Parteien oft unterschiedliche Kulturen, Arbeitsweisen und Erwartungen haben.

Das vorliegende Buch beschäftigt sich mit den Herausforderungen und Möglichkeiten der Zusammenarbeit zwischen Start-ups und etablierten Unternehmen. Ziel des Buches ist es, den Lesern eine praxisorientierte Anleitung zu geben, wie sie erfolgreiche Kooperationen zwischen Start-ups und etablierten Unternehmen gestalten können.

Dieses Buch richtet sich an Unternehmer, Manager, Berater und andere Fachleute, die an der Zusammenarbeit zwischen Start-ups und etablierten Unternehmen interessiert sind. Es bietet eine praktische Anleitung zur erfolgreichen Gestaltung von Kooperationen und soll dazu beitragen, dass diese Zusammenarbeit in Zukunft noch produktiver wird. Wir hoffen, dass dieses Buch dazu beitragen wird, die Zusammenarbeit zwischen Start-ups und etablierten Unternehmen zu fördern.

Markus H. Dahm
Benedict Novak

Inhaltsverzeichnis

Über die Autoren

Prof. Dr. Markus H. Dahm (MBA) ist Organisationsentwicklungs- und Kooperationsgestaltungsexperte und Berater für Strategie, Digital Change & Transformation sowie Relationship Alignment. Ferner lehrt und forscht er an der FOM Hochschule für Oekonomie & Management in den Themenfeldern Digital Management, Business Consulting, Interorganisationales Kooperationsmanagement und agile Organisationsgestaltung. Er publiziert regelmäßig zu aktuellen Management- und Leadership-Fragestellungen in wissenschaftlichen Fachmagazinen, Blogs und Online-Magazinen sowie der Wirtschaftspresse. Er ist Autor und Herausgeber zahlreicher Bücher.

Benedict Novak (M.Sc.) ist Projektleiter für Digitalisierung & Innovation in einem mittelständischen Handwerksbetrieb für Gebäudemodernisierung und Energietechnik. Im Rahmen seiner Tätigkeit beschäftigt er sich mit der Optimierung von Geschäftsprozessen und dem Aufbau von Innovations- und Kooperationsprojekten. Zuvor arbeitete er als Accelerator Manager in einem Pre-Seed-Förderprogramm für Start-ups und unterstützte sie bei der Entwicklung von Geschäftsmodellen, Markteinführung und Netzwerkbildung. An der FOM Hochschule für Oekonomie & Management hat er sein Master-Studium in Business Consulting und Digital Management abgeschlossen.

1.1 Merkmale und Besonderheiten von Start-ups und etablierten Unternehmen

Die Zusammenarbeit zwischen Start-ups und etablierten Unternehmen bietet ein hohes Potenzial für gegenseitigen Nutzen, aber auch für Herausforderungen. Um diese Kooperationen besser verstehen zu können, ist es wichtig, beide Partner zu kategorisieren und ihre jeweiligen Besonderheiten zu berücksichtigen. In diesem Kapitel werden wir uns daher genauer mit der Kategorisierung von Start-ups und etablierten Unternehmen beschäftigen und aufzeigen, welche Faktoren hierbei relevant sind.

Unternehmen lassen sich gemäß EU-Unternehmensbegriff in vier Kategorien unterteilen. Die Einteilung der Größenklassen erfolgt dabei durch die Anzahl der Beschäftigten sowie den erzielten Jahresumsatz. Kleinstunternehmen bilden die kleinste Klasse mit bis zu neun Beschäftigten und einem Umsatz von maximal zwei Millionen Euro. Kleine Unternehmen haben maximal 49 Beschäftigte und einen Umsatz von bis zu zehn Millionen Euro. Mittlere Unternehmen beschäftigen bis zu 249 Mitarbeiter, haben einen maximalen Umsatz von bis zu 50 Mio. €. Bei mehr als 250 Mitarbeitern sowie einem Umsatz von über 50 Mio. € handelt es sich um ein Großunternehmen.

Es gibt unterschiedliche Definitionen für etablierte Unternehmen. Im Folgenden werden diese als Unternehmen definiert, welche mehr als 50 Mitarbeiter beschäftigen, länger als zehn Jahre am Markt tätig sind und bereits über mehrere

Jahre stetige Umsätze generieren. Damit fallen in diese Kategorie sowohl mittlere als auch Großunternehmen.

▶ **Etablierte Unternehmen** Ein **etabliertes Unternehmen** zeichnet sich durch mehr als 50 Mitarbeiter aus, ist länger als zehn Jahre am Markt tätig und generiert bereits über mehrere Jahre stetige Umsätze.

In Deutschland sind nach aktuellen Statistiken etwa 3,37 Mio. Unternehmen aktiv. Dabei fallen gemäß der genannten Eingrenzung insgesamt 89.717 Unternehmen in Abhängigkeit ihrer Größe in die Kategorie eines etablierten Unternehmens. Das entspricht in etwa einem Anteil von 2,7 % (vgl. Abb. 1.1). Obwohl etablierte Unternehmen nur einen geringen Anteil an der Gesamtzahl an existierenden Unternehmen ausmachen, zeigt sich deren hohe Bedeutung darin, dass in etwa 83 % des Gesamtumsatzes auf diese Kategorien und damit auf etablierte Unternehmen zurückzuführen sind (Stand 2019) (vgl. Abb. 1.2).

Start-ups sind junge Unternehmen, die gegründet werden, um eine innovative Geschäftsidee zu realisieren. Im klassischen Sinne geht damit der Versuch einher, ein skalierbares, wiederholbares und profitables Geschäftsmodell zu etablieren. Dabei haben Start-ups meist nur ein geringes Startkapital zur Verfügung, weshalb eine frühzeitige Kapitalaufnahme, beispielsweise durch Venture Capital oder Seed Capital, notwendig ist, um das angestrebte schnelle Wachstum zu ermöglichen. Jedoch stellt nicht jede Existenzgründung per Definition ein Start-up dar. Die Gründung eines Start-ups liegt höchstens zehn Jahre zurück, und die Unternehmen können tendenziell als Kleinst- oder Kleinunternehmen klassifiziert

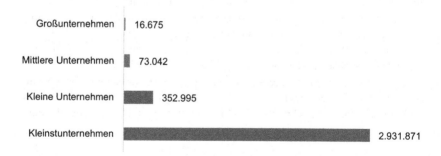

Abb. 1.1 Anzahl an Unternehmen in Beschäftigungsgrößenklassen, Stand 2019. (Quelle: Eigene Erstellung in Anlehnung an Statistisches Bundesamt, o. J. a)

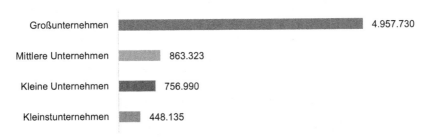

Abb. 1.2 Umsatz in Deutschland nach Unternehmensgröße (2019, in Mio. €). (Quelle: Eigene Erstellung in Anlehnung an Statistisches Bundesamt, o. J. b)

werden. In Deutschland zeigt sich insgesamt eine vielseitige Start-up-Landschaft. Die meisten Start-ups haben ihren Hauptsitz in Nordrhein-Westfalen. Weitere große Standorte befinden sich in Berlin, Baden-Württemberg und Bayern (vgl. Abb. 1.3). Dabei spielen verschiedene Standortfaktoren bei der Entwicklung von Start-up-Ökosystemen eine Rolle. Darunter beispielsweise die Nähe zu Universitäten, direkte Nähe zu Kunden und Partnern in der etablierten Wirtschaft, aber auch Städte mit internationaler Anziehungskraft.

Start-ups lassen sich durch verschiedene Unterscheidungsmerkmale voneinander differenzieren. Dazu gehören unter anderem: Alter des Unternehmens, Entwicklungsphase, Kundenzielgruppe, Geschäftsmodell, Branche, aber auch der Finanzierungsstand.

Zu den Kundenzielgruppen zählen: Business-to-Business (B2B), Business-to-Consumer (B2C) sowie Business-to-Government (B2G). So zeigt der Deutsche Startup Monitor, dass ein Großteil der deutschen Start-ups im B2B-Segment agiert (68,7 % Stand 2021) (vgl. Abb. 1.4).

Die Geschäftsmodelle von Start-ups lassen sich in digitale, hybride und analoge Geschäftsmodelle kategorisieren. Laut einer repräsentativen Umfrage deutscher Start-ups im Jahr 2021 verfolgen knapp zwei Drittel der in Deutschland aktiven Start-ups digitale Geschäftsmodelle. Hierzu gehören unter anderem Software as a Service („SaaS"), Online Plattformen, Online-Handel oder auch Online-Netzwerke. Die Entwicklung von Start-ups lässt sich üblicherweise in drei übergeordnete Entwicklungsphasen unterteilen: Early Stages, Expansion Stages und Later Stages. Diese Phasen spiegeln in erster Linie den Kapitalbedarf bzw. die Investitionsphasen wider, wobei es in der Praxis oft fließende Übergänge gibt. Nach dem Modell von Dorf und Byers (2005) lässt sich die Entwicklung eines Start-ups in fünf Phasen gliedern: Start-up, Take-off, Growth, Slowing Growth

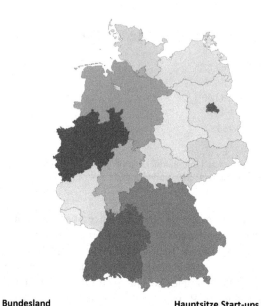

Bundesland	Hauptsitze Start-ups nach Bundesländern (2021)
Nordrhein-Westfalen	18,50%
Berlin	17,10%
Baden-Württemberg	15,70%
Bayern	11,70%
Niedersachsen	8,10%
Hamburg	6,90%
Hessen	6,50%
Schleswig-Holstein	2,90%
Sachsen	2,70%
Bremen	2,10%
Mecklenburg-Vorpommern	1,60%
Thüringen	1,60%
Brandenburg	1,50%
Rheinland-Pfalz	1,40%
Sachsen-Anhalt	0,90%
Saarland	0,50%

Abb. 1.3 Hauptsitz deutscher Start-ups nach Bundesländern (2021). (Quelle: Eigene Erstellung in Anlehnung an Kollmann et al. 2021, S. 14)

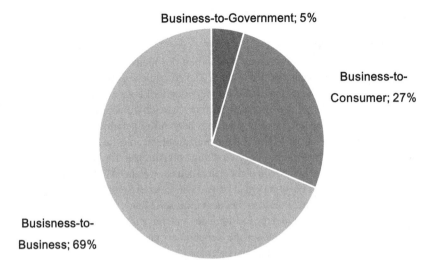

Abb. 1.4 Verteilung der Kundenzielgruppe deutscher Start-ups (2021). (Quelle: Eigene Erstellung in Anlehnung an Kollmann et al. 2021, S. 28)

und Maturity. Eine genauere Differenzierung der Entwicklungsphasen bietet das Modell nach Landström (2007), welches die Phasen eines Start-ups nach Investitionsbedarf, Zielen und Risiken differenziert. Hierbei werden vier aufeinander aufbauende Stufen unterschieden: Seed Stage, Start-up Stage, First Stage und Later Stage (vgl. Abb. 1.5).

▶ **Start-ups** Start-ups sind junge Unternehmen, die gegründet werden, um eine innovative Geschäftsidee zu realisieren. Im klassischen Sinne geht damit der Versuch einher, ein skalierbares, wiederholbares und profitables Geschäftsmodell zu finden. Dabei haben Start-ups meist nur ein geringes Startkapital zur Verfügung, weshalb eine frühzeitige Kapitalaufnahme, beispielsweise durch Venture Capital oder Seed Capital, notwendig ist, um das angestrebte schnelle Wachstum zu ermöglichen.

1.2   Kooperationsformen, -prozess und -ziele

Kooperationsformen

Kooperationen sind ein notwendiger Bestandteil des menschlichen Zusammenlebens, da sie es ermöglichen, gemeinsam ein Ziel zu erreichen, das allein nicht oder nur schwer erreichbar wäre. Dies kann auf individueller Ebene zwischen Menschen geschehen, aber auch auf gesellschaftlicher oder wirtschaftlicher Ebene zwischen Unternehmen oder Organisationen. Allerdings bergen Kooperationen auch gewisse Risiken, wie das Fehlen von Wissen oder Anreizprobleme, die die Zusammenarbeit gefährden können. Probleme bei der Schaffung von Anreizen für beide Kooperationsseiten können entstehen, wenn nicht ersichtlich ist, welcher Mehrwert durch das Einbringen der eigenen Leistung entsteht. Auf der anderen Seite kann es auch zum „Trittbrettfahrer-Problem" kommen, bei dem eine Seite keine Eigenleistung in die Zusammenarbeit investiert und die Leistung des anderen auszunutzen versucht. Um diese Risiken zu minimieren, müssen die Kooperationspartner sorgfältig ausgewählt und die Kooperationsziele klar definiert werden.

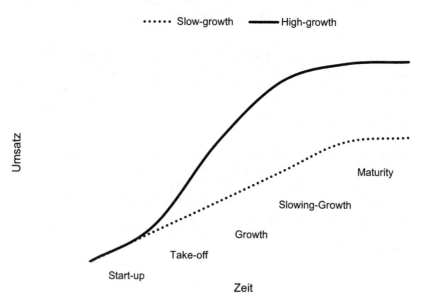

Abb. 1.5 Entwicklungsphasen eines Start-ups. (Quelle: Eigene Erstellung in Anlehnung an Dorf und Byers 2005, S. 455)

Tab. 1.1 Kooperationsmerkmale. (Quelle: Eigene Darstellung in Anlehnung an Killich, 2011, S. 18)

Merkmal	Ausprägung			
Richtung	Horizontal	Vertikal	Diagonal	
Ausdehnung	Lokal	Regional	National	Global
Bindungsintensität	Gering	Moderat	Hoch	
Verbindlichkeit	Absprache	Vertrag	Beteiligung	
Zeitdauer	Temporär	Unbegrenzt		
Zielidentität	Redistributiv	Reziprok		
Kooperationsabteilungen	F&E	Vertrieb	Einkauf	Marketing	Produktion	Sonstige

Im wirtschaftlichen Kontext können Kooperationen zwischen Unternehmen dazu dienen, die gemeinsame Wettbewerbsfähigkeit zu steigern. Dabei können Unternehmen auf verschiedene Arten kooperieren, wie beispielsweise durch Ressourcenzusammenlegung, Tausch, Arbeitsteilung, Risikomanagement oder Leistungswettbewerb. Die Wahl der Kooperationsform und der Kooperationspartner hängt dabei von den Zielen des Unternehmens und den Rahmenbedingungen ab. Unternehmenskooperationen können darüber hinaus auch durch spezifische Kooperationsmerkmale unterschieden werden. Hierzu gehören beispielsweise die Richtung, die Ausdehnung, die Bindungsintensität, die Verbindlichkeit, die Zeitdauer und die Zielidentität. Auch die Kooperationsabteilungen einer Kooperation können bei der Unterscheidung eine Rolle spielen (vgl. Tab. 1.1).

Im Rahmen der unternehmensexternen Zusammenarbeit haben sich verschiedene gängige Formen der Unternehmenskooperationen etabliert. Diese besitzen unterschiedliche Merkmale und Ausprägungen.

Die folgende Übersicht zeigt zur Orientierung kurze Erläuterungen zu den gängigen zwischenbetrieblichen Kooperationen:

Formen von Unternehmenskooperationen

- **Interessensgemeinschaft:** Unternehmen mit gemeinsamen Interessen kooperieren z. B. durch gemeinsamen Einkauf oder Vertrieb.
- **Franchising:** System, bei dem Franchise-Geber und Franchise-Nehmer rechtlich und finanziell unabhängig, aber eng zusammenarbeiten.

- **Konsortium:** Projektbezogene Kooperation, bei der die beteiligten Unternehmen unabhängig bleiben.
- **Virtuelles Unternehmen:** Externe Zusammenarbeit, bei der die Partner nicht unter eigenem Namen auftreten.
- **Supply Chain Management:** Gestaltung des Geschäftsprozesses von Rohmaterialbeschaffung bis zum Verkauf an den Endkunden unter Einbeziehung aller beteiligten Unternehmen.
- **Strategische Allianzen:** Kooperation von Unternehmen mit dem Ziel, individuelle Stärken in bestimmten Geschäftsfeldern zu vereinen.
- **Joint Ventures:** Gründung eines gemeinsamen, rechtlich selbstständigen Unternehmens durch zwei unabhängige Partner.

Insgesamt sind die Wahl der Kooperationsform und die Gestaltung einer Kooperation komplexe Prozesse, die sorgfältig geplant und umgesetzt werden müssen. Wenn jedoch alle Partner an einem Strang ziehen, können Kooperationen große Vorteile bieten und dazu beitragen, gemeinsame Ziele zu erreichen.

Kooperationsprozess

Auch die Zusammenarbeit zwischen Organisationen ist ein sehr komplexer Prozess, bei dem viele Dimensionen und Aspekte berücksichtigt werden müssen. Die Entwicklung und erfolgreiche Umsetzung eines Kooperationsprozesses setzen daher spezielle Kriterien voraus, die sowohl die eingesetzten Instrumente als auch die Organisations- und Gruppendynamik der Beteiligten erfüllen müssen. Der Kooperationsprozess lässt sich in verschiedene Phasen unterteilen, wobei die genaue Anzahl je nach Unterteilungsansatz variieren kann.

Um sich auf eigene Kooperationsprozesse strukturiert vorzubereiten, bietet sich eine Orientierung an den in Abb. 1.6 dargestellten Phasen an. Hierzu werden ebenfalls grobe Orientierungspunkte zur Projektorganisation gegeben.

Beim Aufbau der eigenen Kooperationsabläufe müssen die entsprechenden Kooperationsansätze initial entwickelt, umgesetzt, weiterentwickelt und kritisch reflektiert werden. Dieser komplexe Prozess erfordert eine konstante Unterstützung und zeigt spezifische Anforderungen an die Management-Instrumente sowie an die gesamte Organisation. Um einen Prozess zur Kooperationsentwicklung realisieren zu können, hat der Wirtschaftswissenschaftler Jörg Sydow (2010) vier elementare Funktionen definiert, die ein funktionsfähiges Management von Kooperationen ermöglichen. Diese Funktionen bauen in der Praxis aufeinander auf und umfassen

Idee & Anstoß
- Unterstützer im Unternehmen für die Kooperation identifizieren
- Kooperationsmotive festhalten
- Ressourcen einplanen (zeitlich, finanziell, personell)

Aufbau
- Geeignetes Partnerunternehmen suchen
- Idee konkretisieren und gemeinsam mit dem Partner weiterentwickeln
- Zielvereinbarungen festlegen und Spielregeln der Kooperation vorbereiten

Etablierung
- Ziele, organisatorische Strukturen & Spielregeln der Kooperation etablieren
- Konkrete zeitliche, personelle sowie räumliche Projektorganisation
- Konzeptionierung und Vorbereitung der Kooperationsdurchführung

Durchführung
- Operative Umsetzung der Kooperation zur Zielerreichung
- Betriebliche und zwischenbetriebliche Etablierung der Zusammenarbeit
- Konfliktmanagement

Evaluation
- Kontrolle des Zielerreichungsgrades
- Einbau von Kontrollpunkten zur möglichen frühzeitigen Beendigung der Zusammenarbeit

Anpassung
- Berücksichtigung des Spannungsfeldes aus Kontinuität und Flexibilität der Zusammenarbeit: Strukturierter Umgang mit möglichen Ziel-, Zeit- oder Schwerpunktanpassungen

Abschluss
- Systematischer Abschluss der Zusammenarbeit: Auswertung der Kooperationserfahrungen sowie Verständigung über unterschiedliche und gemeinsame Sichtweisen

Abb. 1.6 Beispielhafter Kooperationsprozess. (Quelle: Eigene Erstellung in Anlehnung an Becker et al. 2007)

die Managementfunktionen der Selektion, Allokation, Regulation und Evaluation (vgl. Abb. 1.7).

Abb. 1.7 Managementfunktionen interorganisationaler Zusammenarbeit. (Quelle: Eigene Erstellung in Anlehnung an Sydow 2010, S. 395)

Managementfunktionen interorganisationaler Zusammenarbeit

- **Selektion:** Die Selektion umfasst die Auswahl, aber auch den Verzicht auf die Einbeziehung bestimmter Unternehmen in eine potenzielle Kooperation. Weiterhin werden hier die Beendigung einer Kooperation berücksichtigt sowie die Wiederauswahl eines potenziellen Kooperationspartners.
- **Allokation:** Bestimmung und Zuweisung der wahrzunehmenden Aufgaben, der eingesetzten Ressourcen sowie der Verantwortlichkeiten auf Basis der gemeinsam formulierten Ziele. Die Grundlage der Allokation bildet dabei ein mehr oder weniger gleichberechtigter Verhandlungsprozess.

- **Regulation:** Regelgestaltung bzw. -entwicklung für die Kooperationsbeziehung. Die entsprechenden Regeln müssen formuliert, interpretiert, legitimiert und realisiert werden. Dabei sind sowohl formelle als auch informelle Regelungen gemeint, welche dazu dienen, eine Win-win-Situation herbeizuführen. Dabei ist es besonders wichtig, durch ein entsprechendes Regelwerk ein Gleichgewicht zwischen Vertrauen und Kontrolle zu schaffen.
- **Evaluation:** Hierbei steht die Reflexion der Kooperation im Vordergrund. Diese Funktion umfasst die Bewertung der beidseitigen Beiträge zur Kooperationsbeziehung.

Kooperationen stellen einen Prozess dar, der sich je nach Kooperationspartner sehr individuell gestaltet. Zur erfolgreichen Umsetzung sind spezielle Anforderungen an die eingesetzten Instrumente sowie an die Organisations- und Gruppendynamik der Beteiligten zu berücksichtigen.

Kooperationsziele

Kooperationen sind eine zielorientierte Zusammenarbeit zwischen beteiligten Partnern, sie basieren auf zeitlich begrenzten Beziehungen und haben das Ziel, Fähigkeiten und Ressourcen zu bündeln. Organisationen verlassen dabei bewusst ihre relative Autonomie, um Abhängigkeiten zu schaffen und Kooperationsstrategien attraktiver zu machen. Kooperationen steigern die Marktmacht und bieten die Möglichkeit, Effizienzvorteile gegenüber der Konkurrenz zu schaffen. Kooperationsziele können aus der Knowledge-based View abgeleitet werden, die das Lernen voneinander als wichtige Zielsetzung betrachtet. Unternehmen können Kooperationen eingehen, um Herausforderungen durch den Strukturwandel im Vertrieb zu bewältigen, innovative Vertriebskanäle zu erschließen, soziale Medien zu integrieren, globale Wissenstransfers zu fördern, Managementkapazität zu erweitern, Produktportfolios zu vervollständigen, smarte Produktumgebungen zu entwickeln oder breite Handlungsoptionen aufzubauen. Es gibt auch spezifische Kooperationsziele, die aus Herausforderungen und Mehrwerten resultieren können. Kooperationen können im sozialen Sektor Innovationen fördern und werden beispielsweise mit Universitäten eingegangen. Zusammenfassend gibt es unterschiedliche Kooperationsziele, die je nach Perspektive aus Markt-, Ressourcen- und Wissenssicht abgeleitet werden können.

Kooperation und Kooperationsmanagement

2

2.1 Erfolgsfaktoren von Kooperationen

Erfolgsfaktoren können als Fähigkeiten, Ressourcen, Aufgaben und Verhaltensweisen, die für den Kooperationserfolg entscheidend sind, bezeichnet werden.

Die Erfolgsmessung spielt eine entscheidende Rolle im Kooperationsmanagement. Dabei sollten alle relevanten Blickwinkel betrachtet werden: die Perspektive der gesamten Organisation, die Kooperationsperspektive und die Sicht eines einzelnen Kooperationspartners (vgl. Abb. 2.1).

Es stehen verschiedene Messverfahren zur Verfügung, einschließlich periodenbezogener Ergebnisrechnung, Wertsteigerungsanalyse und Balanced Scorecard. Abb. 2.2 und 2.3 bieten einen kurzen Überblick.

Neben den kurz vorgestellten Methoden zur Erfolgsmessung sind in der aktuellen Forschung bereits vielseitige Erfolgsfaktoren im Kontext von Kooperationsvorhaben identifiziert. Zur Orientierung können die in Abb. 2.4 dargestellten zentralen Erfolgsfaktoren für Kooperationen zwischen Organisationen implementiert werden.

Auch das Verhalten der Kooperationsbeteiligten stellt einen erfolgskritischen Faktor dar. Demnach steigern konkrete Verhaltensweisen eingebundener Mitarbeiter den Kooperationserfolg: Hilfsbereitschaft, Gewissenhaftigkeit, Unkompliziertheit, Eigeninitiative und Rücksichtnahme. Diese erhöhen die Erfolgsaussichten einer Kooperation. Einen weiteren erfolgskritischen Faktor stellt die Kooperationsbeziehung dar. Demnach unterscheiden sich „gute" von „schlechten" Kooperationen durch die Ausgestaltung der Kooperationsbeziehungen. Dabei bestimmen verschiedene Faktoren über die Beziehungsqualität der Kooperation. Darunter fallen das in die Kooperation eingebrachte Commitment, das

M. H. Dahm und B. Novak, *Start-up-Kooperationen,* essentials, https://doi.org/10.1007/978-3-658-42260-8_2

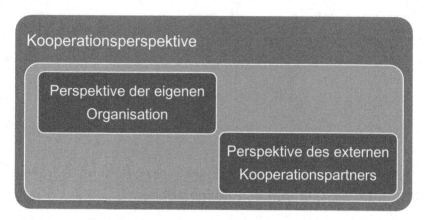

Abb. 2.1 Perspektiven der Erfolgsmessung. (Quelle: Eigene Erstellung in Anlehnung an Bode et al. 2011)

entgegengebrachte Vertrauen, der Grad an Zufriedenheit im Zuge der Kooperation sowie ein gemeinsames Verständnis von Erfolg. Einen entsprechend hohen Stellenwert nimmt das Beziehungsmanagement ein, welches bereits in der vorvertraglichen Anbahnung der Zusammenarbeit den Grundstein für eine erfolgreiche Kooperation legen kann.

Auch bei der Kooperationsentwicklung können Erfolgsfaktoren einen positiven Einfluss auf den Fortschritt der Zusammenarbeit haben. Dabei werden weiche Faktoren sowie harte Faktoren der Kooperationsentwicklung unterschieden. Diese können sich beschleunigend, aber auch hemmend auf die Kooperation auswirken und so den entsprechenden Kooperationsprozess beeinflussen. Diese Faktoren sind in Tab. 2.1 und 2.2 aufgeführt.

Erfolgsfaktoren gestalten sich insgesamt als vielseitig und erfordern eine strukturierte und nachvollziehbare Erfolgsmessung. Auch bei der Betrachtung der Erfolgsfaktoren zeigt sich, dass Kooperationen vielschichte Prozesse darstellen und durch explizite Faktoren sowohl positiv als auch negativ beeinflusst werden können.

Verfahren	Kurzbeschreibung	Vor- und Nachteile bei der Durchführung
Periodenbezogene Ergebnisrechnung	Der Erfolg der Zusammenarbeit in einem bestimmten Zeitraum wird durch die Differenz zwischen den Einnahmen und den Kosten bestimmt. Um die Berechnungen durchzuführen, werden die Erlösrechnung sowie die Kostenarten-, Kostenstellen- und Kostenträgerrechnung eingesetzt.	+ Kosten und Erlöse von Kooperationen werden verglichen, um den spezifischen Mehrwert der Kooperation im Verhältnis zum Gesamtergebnis eines Unternehmens zu analysieren. – Fokussiert sich nicht auf qualitative Ziele. – Vernachlässigt Kooperationsaspekte wie die Eröffnung strategischer Optionen.
Wertsteigerungsanalyse	Diese leitet sich aus dem Shareholder-Value-Ansatz ab: Es erfolgt die Abzinsung einer definierten Reihe von Cashflows unter Berücksichtigung eines gewichteten Kapitalkostensatzes abzüglich des Marktwerts des Fremdkapitals, das verzinst wird. Die Wertsteigerung ergibt sich aus den Zielen der Kooperation, die durch Wertgeneratoren wie Umsatz, Einfluss auf den Cashflow und die Kapitalkosten beeinflusst werden und somit den Shareholder Value erhöhen.	+ Fokus auf quantitative Erfolgsgröße: Der Schwerpunkt liegt auf der Verwendung quantitativer Messgrößen, um den Erfolg von Kooperationen zu bewerten und sie mit anderen Bereichen eines Unternehmens zu vergleichen. – Begrenzung durch Finanzgrößen: Nicht alle Aspekte einer Kooperation können über finanzielle Kennzahlen in den Gesamtwert eines Unternehmens einbezogen werden. – Abhängigkeit von Kapital und Ressourcen: Die quantitative Bewertung von Kooperationen ist nur anwendbar, wenn sie über ausreichend Kapital und Ressourcen verfügen.
Aktivitätsbasierte Erfolgsmessung	Kooperation wird als eine Zusammensetzung individuell bewertbarer Projekte oder Aktivitäten betrachtet. Der Erfolg einer Kooperation wird ähnlich wie bei der Erfolgsmessung im Projektmanagement als die Gesamtsumme der Beiträge aller Aktivitäten definiert, die in einem kausalen Zusammenhang stehen. Die Kosten und Vorteile können sowohl monetär als auch nicht-monetär den Aktivitäten zugeordnet werden.	+ Monetäre und nicht-monetäre Erfolgsdimensionen können dargestellt werden, um die Zielerreichung zu bewerten. – Eine genaue Zieloperationalisierung ist erforderlich, um die Zielerreichung zu bewerten. – Indirekte Zusammenhänge bleiben unberücksichtigt. – Die Abbildung der Kausalkette ist mit hohem Aufwand verbunden.

Abb. 2.2 Überblick der Messverfahren – Eindimensional. (Quelle: Eigene Erstellung in Anlehnung an Bode et al. 2011, S. 675)

Nutzwertkalkulation	Erfolgt in einem Ablauf mit sieben Schritten: 1. Festlegung der Kooperationsziele. 2. Identifizierung und Priorisierung der Anforderungen und Merkmale. 3. Operationalisierung und Standardisierung der Merkmale. 4. Bewertung der einzelnen Merkmale. 5. Bestimmung und Gewichtung der Erfüllungsgrade pro Merkmal. 6. Berechnung des Gesamtwertes und Beurteilung. 7. Durchführung einer „Empfindlichkeitsanalyse".	+ + − −	Einfache Entscheidungsfindung: Das Verfahren erfordert geringen Aufwand und ist einfach anzuwenden. Kombination von quantitativen und qualitativen Einflussgrößen: Es werden sowohl messbare als auch nicht-messbare Faktoren berücksichtigt, um eine numerische Erfolgsgröße zu ermitteln. Gefahr der subjektiven Datenermittlung: Die Daten basieren auf subjektiven Einschätzungen, was zu Manipulationen führen kann. Fehlende Berücksichtigung von monetärem Aufwand und qualitativen Nachteilen: Der monetäre Aufwand sowie qualitative Nachteile bleiben unberücksichtigt und fließen nicht in die Entscheidungsfindung ein.
Balanced Scorecard	Der Erfolg einer Kooperation basiert auf den Kennzahlen der BSC, die aus der zugrunde liegenden Kooperationsstrategie abgeleitet werden. Beispiele hierfür sind die Ausrichtung auf Prozesse durch leistungsbezogene Kennzahlen sowie die Fokussierung auf Ressourcen durch infrastrukturelle Kennzahlen.	+ + − −	Betonung einer ganzheitlichen Perspektive und zielorientierten Zusammenarbeit Berücksichtigung der Kooperationsstrategie und quantitativer/qualitativer Kooperationsziele Vermeidung der Fokussierung auf eine einzige monetäre Zielgröße Hoher Aufwand aufgrund der umfangreichen Informationsbeschaffung für Kennzahlen und Daten

Abb. 2.3 Überblick der Messverfahren – Mehrdimensional. (Quelle: Eigene Erstellung in Anlehnung an Bode et al. 2011, S. 675)

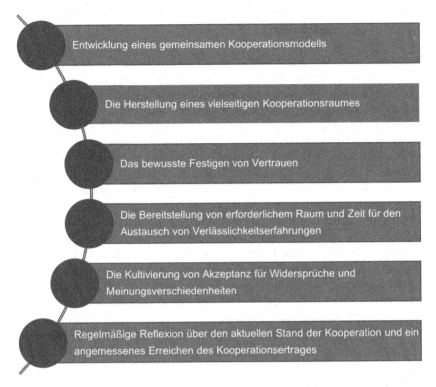

Abb. 2.4 Erfolgsfaktoren für Kooperationen zwischen Organisationen. (Quelle: Eigene Erstellung in Anlehnung an Tippe und Wesenauer 2008; Rausch 2021; Dregger 2021; Dahm und Hollerbach 2021)

Tab. 2.1 Weiche Faktoren der Kooperationsentwicklung. (Quelle: Eigene Darstellung in Anlehnung an Liebhart 2007, S. 345)

Beschleunigende	Weiche Faktoren	Hemmende
Große	Zielübereinstimmung	Geringe
Viele	Gemeinsame Werte	Wenige
Klare, transparente	Erwartungen	Unklare
Großes	Vertrauen	Geringes
Niedriges	Konfliktpotenzial	Hohes
Niedrige	Machtansprüche	Hohe
Hohe	Kommunikationsintensität	Niedrige

2.2   Kooperationsmanagement zur Steuerung von Kooperationen

Ein systematisches Kooperationsmanagement ist für eine erfolgreiche Unternehmenskooperation unerlässlich. Um dieses Ziel zu erreichen, gibt es unterschiedliche Funktionen des Kooperationsmanagements. Diese orientieren sich größtenteils an den verschiedenen Kooperationsphasen von Kooperationen und lassen sich in Teilprozesse gliedern. Diese Teilprozesse sind in Abb. 2.5 veranschaulicht.

Eine weitere wichtige Funktion des Kooperationsmanagements besteht darin, die Zugriffsrechte des Kooperationspartners zu begrenzen, um das Unternehmen zu schützen. Hierbei ist insbesondere darauf zu achten, kein kernkompetenzbezogenes Wissen preiszugeben. Die wesentliche Funktion des Kooperationsmanagements besteht darin, die Abläufe zur Erbringung von Leistungen zu gestalten und dabei die Planungs- und Umsetzungsprozesse zu steuern sowie das Controlling, die Finanzierung der Kooperation, die Moderation und das Konfliktmanagement zu übernehmen. Dabei müssen verschiedene Anforderungen erfüllt sein. Darunter fallen die operative Planung von Abläufen, die Aufgabenverteilung innerhalb der Kooperation, aber auch das Controlling der erbrachten Leistungen und Ergebnisse. Zudem erzeugt Kooperationsmanagement einen finanziellen Aufwand, der berücksichtigt werden muss. Darüber hinaus fallen regelmäßig Moderationsaufgaben und Konfliktmanagement an. Weiterhin

Tab. 2.2 Harte Faktoren der Kooperationsentwicklung. (Quelle: Eigene Darstellung in Anlehnung an Liebhart, 2007, S. 345)

Beschleunigende	Harte Faktoren	Hemmende
Wenige	Kooperationspartner	Viele
Hohe	Konstanz der Partner	Geringe
Geringe	Heterogenität der Partner	Große
Große	Intensität des Leistungsaustausches	Geringe
Wechselseitige	Richtung des Leistungsaustausches	Einseitige
Verteilte	Machtstrukturen	Zentrierte
Dezentralisierte	Kommunikation	Zentralisierte
Geringe	Räumliche Distanz	Große
Viele	Koordinationsressourcen	Wenige
Häufiger	Personaltransfer zwischen Partnern	Seltener
Weiche	Vertragsgestaltung	Harte

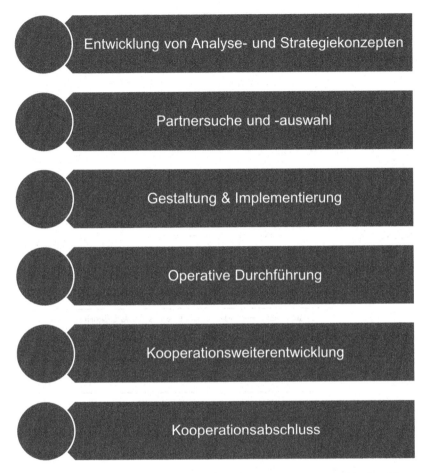

Abb. 2.5 Beispielhafte Teilprozesse des Kooperationsmanagements. (Quelle: Eigene Erstellung in Anlehnung an Hoffmann 2001, S. 235)

wird im Rahmen des Kooperationsmanagements die regelmäßige Evaluierung betrachtet, sodass beispielsweise Fehlentwicklungen entgegengesteuert werden können (vgl. Abb. 2.6).

Die Funktionsträger des Kooperationsmanagements besitzen eine hohe Verantwortung. Jedes aktive Eingreifen und Steuern balanciert die Kooperation neu. Dabei trägt ein strukturiertes Management der Kooperation auf verschiedenen

Management-funktionen der Kooperation:	Planung
	Steuerung
	Umsetzung
	Controlling
	Finanzierung

Anforderungen an das Kooperations-management:	Erstellen Sie eine konkrete operative Ablaufsplanung (Wer?, Was?, Wie?, Wann?, Warum?, Womit? Was passiert danach?)
	Klare Rollen- und Aufgabenverteilung (Wer macht was? Welche Befugnisse und Pflichten hat die jeweilige Rolle?)
	Regelmäßige und strukturierte Leistungs- & Ergebniskontrolle (Erreichen wir unsere vorher bestimmten Ziele? Müssen wir unsere Erwartungshaltung anpassen?)
	Erstellung eines klaren Budgetplans (Welche Ressourcen stehen mir über Zeitraum zur Verfügung?)
	Bestimmung der Moderationsaufgaben sowie des Konfliktmanagements (Welche Eskalationsstufen sind für die vorher definierten Worst-Case-Szenarieren definiert?)

Abb. 2.6 Managementfunktionen und Anforderungen. (Quelle: Eigene Erstellung in Anlehnung an Schäfer et al. 2019)

Ebenen zum Erfolg bei. Zu den wesentlichen Funktionen des Kooperationsmanagements gehören die Anregung und Moderation eines Leitbildprozesses, angemessenes Marketing der Kooperation sowohl extern als auch bei den Partnern, konsequentes zielbezogenes Controlling der Kooperationsaktivitäten, Moderation oder gegebenenfalls Supervision der Teamentwicklung sowie Impulse für Weiterbildung, Produkt- und Organisationsentwicklung. Zudem sind regelmäßige zielbezogene Kommunikation mit den Partnern und die Einbindung der Kooperation in externe Unterstützungsstrukturen wie Netzwerke von großer Bedeutung. Ein weiterer wichtiger Beitrag des Kooperationsmanagements besteht darin, zu erkennen, wann externe Hilfe für die Kooperation erforderlich ist, und sicherzustellen, dass diese Hilfe eingeholt wird. Es ist wichtig, dass das Top-Management die Notwendigkeit externer Unterstützung nicht als Zeichen von Schwäche betrachten, sondern als Zeichen von Stärke, um Probleme effektiv zu lösen. Kooperationsmanager sollten über die verfügbaren Ressourcen und Kompetenzen im Bereich des Netzwerkmanagements informiert sein, da dies zu den Schlüsselqualifikationen gehört.

Auf der operativen Ebene kann im Rahmen des Kooperationsmanagements von einem Projektmanagement in Kooperationen gesprochen werden. Dieses Vorgehen ist vergleichbar mit Projekten in stark diversifizierten Großunternehmen, die zur Durchführung von Projekten ebenfalls auf verteilte Ressourcen zurückgreifen müssen, ohne dass die Projektleitung die Möglichkeit hat, disziplinarische Konsequenzen durchzuführen. Aus der Projektperspektive leiten sich verschiedene Maßnahmen ab. Den Ausgangspunkt für den Aufbau eines strukturierten Projektmanagements stellt die Projektorganisation dar. Hierbei werden wesentliche Grundlagen für die gemeinsame Zusammenarbeit festgelegt. Einerseits wird eine feste Zielformulierung etabliert, welche alle Projektpartner mittragen müssen. Weiterhin werden eine Projektleitung und die damit verbundenen Rechte beziehungsweise Pflichten bestimmt. Einen weiteren Aspekt bilden die Mitarbeitereinbindung und die damit verbundene Berücksichtigung der erbrachten Leistung und Aufwände. Dabei stellt sich die Frage, in welcher Art und Weise der Leistungsumfang der Kooperationsbeteiligten nachgewiesen und abgerechnet wird. Insgesamt stellen klar definierte Strukturen zu Projektbeginn einen wichtigen Erfolgsfaktor für das Kooperationsgelingen dar. Neben der Projektorganisation verkörpert das operative Projektcontrolling eine weitere Funktion des Kooperationsmanagements. Aufgrund der unterschiedlichen Unternehmensstrukturen wird dabei präferiert die Kooperation als Einzelunternehmung betrachtet und dementsprechend budgetiert und kontrolliert. Die jeweilige Projektabwicklung und das Controlling fallen in den Aufgabenbereich des Kooperationsmanagements. Als dritter Aufgabenbereich ist übergreifend die Projektvereinbarung zu nennen. Hierbei legen alle beteiligten Partner die Rahmenbedingungen fest, die für die Kooperation vereinbart werden. Darunter fallen Ergebnisziele, Verrechnungssätze, Rechte und Pflichten der Projektführung sowie Budget und eingebrachte Ressourcen. Auch der Aufbau eines Lenkungsausschusses ist denkbar, um eine Eskalationsmöglichkeit für Kooperationspartner aufzubauen. Die Projektvereinbarung fungiert dabei als Vereinbarung von Verantwortungsbereichen, zugesicherten Ressourcen und Ergebniszielen. Damit dient sie vor allem der Regelung des Innenverhältnis der Kooperation.

2.3 Start-up-Kooperationen in der Praxis – Erfolgsfaktoren und Herausforderungen

Für etablierte Unternehmen stellen Start-up-Kooperationen eine Form der Unternehmenskooperation dar. Somit gelten auch für diese Kooperationen die bereits aufgezeigten Kooperationsrahmen hinsichtlich Kooperationsformen, -merkmalen, -prozessen, -zielen und Erfolgsfaktoren. Allerdings weisen Kooperationen mit Start-ups auch Besonderheiten auf.

Vorteile für Start-ups
Für Start-ups besitzen Kooperationen mit etablierten Unternehmen eine hohe Relevanz. In der repräsentativen Studie „Deutscher Start-up Monitor (DSM)" gaben über 65 % der befragten Start-ups an, 2021 Kooperationen mit etablierten Unternehmen geführt zu haben. Damit besitzen diese den höchsten Stellenwert, gefolgt von Kooperationen mit anderen Start-ups sowie mit wissenschaftlichen Einrichtungen. Die wichtigsten Kooperationsmotive lagen dabei.

- im Erschließen neuer Vertriebskanäle (58 %)
- in der Schaffung eines Zugangs zu neuen Kundengruppen (41 %) sowie
- in der Stärkung der Reputation (40 %).

Zudem erhalten Start-ups durch die Zusammenarbeit potenziell Zugang zu Wissen, Produkten, Markt, Netzwerk und Kapital des etablierten Unternehmens.

Vorteile für etablierte Unternehmen
Für etablierte Unternehmen bieten sich ebenfalls spezifische Kooperationsvorteile. Durch die sich deutlich unterscheidenden Kompetenzprofile beider Kooperationspartner bieten sich hohe Ergänzungspotenziale. Zudem erlangt das etablierte Unternehmen durch das Start-up Zugang zu neuen Technologien und Märkten sowie zum innovativen Netzwerk des jungen Unternehmens. Insgesamt ermöglicht die Zusammenarbeit eine Steigerung der Innovationsfähigkeit und -geschwindigkeit. Start-up-Kooperationen können darüber hinaus Innovationshemmnisse auflösen, indem beispielsweise fehlende Fachkräfte oder fehlendes Kapital für Investitionen

aufseiten des etablierten Unternehmens durch die externe Zusammenarbeit temporär kompensiert werden. Ein weiteres Kooperationsmotiv gestaltet sich darin, dass etablierte Unternehmen durch die Zusammenarbeit die interne Innovationskultur anregen und so insgesamt als Unternehmen agiler werden.

Wie entsprechende Kooperationen aussehen können, zeigen namenhafte etablierte Unternehmen und Start-ups, von denen einige hier beispielhaft aufgeführt werden:

Beispiele für Kooperationen zwischen etablierten Unternehmen und Start-ups

- **Deutsche Bahn AG und Konux GmbH im Jahr 2016 – Smarte Weichen erhöhen die Verfügbarkeit des Streckennetzes:** Konux wurde 2014 als Start-up in München gegründet und hat sich auf die Entwicklung von IoT- und KI-Lösungen für die Überwachung und Optimierung von Eisenbahninfrastrukturen spezialisiert. Die Kooperation zwischen Konux und der Deutschen Bahn begann im Jahr 2016 und umfasste verschiedene Projekte im Bereich der vorausschauenden Instandhaltung von Schienenfahrzeugen und Infrastrukturen. Im Rahmen der Zusammenarbeit hat Konux unter anderem intelligente Sensoren entwickelt, die an Gleisen und Weichen angebracht werden, um Daten in Echtzeit zu erfassen. Diese Daten werden dann analysiert, um Wartungsbedarf frühzeitig zu erkennen und gezielte Instandhaltungsmaßnahmen zu planen. Durch die Implementierung solcher Lösungen strebt die Deutsche Bahn an, die Zuverlässigkeit, Verfügbarkeit und Effizienz ihrer Infrastrukturen zu verbessern. Die Kooperation zwischen Konux und der Deutschen Bahn wurde als vielversprechend angesehen, da sie das Potenzial hatte, die Wartungsprozesse zu optimieren und Ausfälle von Schienenfahrzeugen zu reduzieren.
- **Tchibo und StrollMe GmbH im Jahr 2023 – MeKinderwagen und Kinderfahrräder im flexiblen und nachhaltigen StrollMe Abo bei Tchibo:** StrollMe wurde 2020 gegründet und möchte durch das Anbieten von flexiblen Abonnements für Kinderwagen und Kinderfahrrädern eine nachhaltige Alternative zum Kauf schaffen. Im Jahr 2023 hat Tchibo mit StrollMe eine Kooperation gestartet, bei der die Produkte in der Tchibo-Markenwelt angeboten werden. Tchibo-Kunden können seit dem 7. Februar auf der Website www.tchibo.de/strollme ein fle-

xibles Abonnement für Kinderwagen und Kinderfahrräder abschließen und exklusive Vorteile nutzen. Insgesamt ermöglicht die Kooperation Tchibo den Eintritt in den Markt für nachhaltige Kindermobilität und bietet dem Start-up StrollMe eine größere Reichweite und Zugang zu Tchibos Kundenbasis. Durch die Kombination von Tchibos Bekanntheit und Vertriebskanälen mit dem innovativen Ansatz von StrollMe entsteht eine Win-win-Situation.

- **Mercedes-Benz Group AG und Zync im Jahr 2022 – Mercedes-Benz hebt mit ZYNC das Entertainment-Erlebnis im Auto auf ein neues Level:** Zync wurde 2019 in San Francisco gegründet und hat eine digitale Plattform entwickelt, die Technologie nutzt, um Unterhaltungsinhalte und immersive Erlebnisse in elektrische und autonome Fahrzeuge zu bringen. Das Ziel der Kooperation ist es, Kunden ein digitales automobiloptimiertes Unterhaltungsangebot zur Verfügung zu stellen. ZYNC wird seine Premium-Plattform für digitales Entertainment in Mercedes-Benz-Fahrzeugen integrieren. Durch die Kooperation können Kunden von Mercedes-Benz ein umfassendes und ansprechendes digitales Unterhaltungserlebnis im Fahrzeug genießen, das auf ihre Bedürfnisse zugeschnitten ist und die Vorteile der innovativen Mercedes-Benz Hardware nutzt.

Zusammengefasst zeigen sich die in Tab. 2.3 genannten Ziele und Motive der Zusammenarbeit zwischen etablierten Unternehmen und Start-ups.

Start-ups und etablierte Unternehmen stellen insgesamt ungleiche Partner dar und verkörpern in gewissem Maße gegensätzliche Organisationstypen. Bei der Betrachtung von Corporates, also von sehr großen etablierten Unternehmen, wird dies besonders deutlich (vgl. Tab. 2.4).

Diese Unterschiede prägen jegliche Dimensionen der Zusammenarbeit zwischen etablierten Unternehmen und Start-ups und beeinflussen Kooperationsformen, -prozesse, Erfolgsfaktoren, aber auch Kooperationshemmnisse und Herausforderungen. Etablierte Unternehmen sind tendenziell traditionell, routiniert, hierarchisch, prozessgetrieben, komplex und verfolgen fehlervermeidende Strategien. Demgegenüber definieren sich Start-ups tendenziell als modern, experimentierfreudig, mit flachen Strukturen, ergebnisorientiert und verfolgen dabei das „Fail-Fast"-Prinzip. Fehler gehören dadurch explizit zum Start-up dazu. Es gibt bereits eine Vielzahl an etablierten Kooperationsmodellen bei der Zusammenarbeit von Start-ups mit etablierten Unternehmen. Je nach Kooperationsform

Tab. 2.3 Ziele und Motive von Start-up-Kooperationen etablierter Unternehmen. (Quelle: Eigene Darstellung in Anlehnung an Wrobel et al. 2017, S. 20)

Etablierte Unternehmen	Zieldimension	Start-ups
Entwicklung neuer Technologien und Geschäftsmodelle Innovationskraft steigern und Digitalisierungsgrad erhöhen	**Markt & Wettbewerb**	Verbesserung von Markt- und Branchenkenntnissen Zugang zu bestehenden Netzwerken Umsetzung von Pilotprojekten
Beschleunigung von Marketing und Vertrieb Kombination komplementärer Ressourcen Aufmerksamkeit in der Presse generieren	**Vertrieb und Marketing**	Beschleunigung des Kundenwachstums Zugang zu Vertriebsnetzwerk
Investition in oder Akquise von Start-ups aus finanziellen oder strategischen Motiven	**Finanzierung und Investment**	Finanzielle Absicherung durch erhaltene Investition Zugang zu wichtigen Ressourcen Kostenteilung

weist die Zusammenarbeit unterschiedliche Merkmale auf. Es gibt verschiedene Ansätze, die Kooperationsformen in verschiedene Phasen zu unterteilen. Eine Möglichkeit besteht darin, diese in drei unterschiedliche Phasen aufzuteilen: „Learn", „Match" und „Partner". Je nach Phase differenzieren sich unterschiedliche Formen der Zusammenarbeit (vgl. Abb. 2.7).

In der ersten Phase „Learn" geht es um die Gewinnung eines grundsätzlichen Verständnisses des Gegenübers. Dabei lernen Start-ups, aber auch etablierte Unternehmen die Gesetzmäßigkeiten der gegenüberliegenden Seite kennen. In dieser Phase findet die Zusammenarbeit über einen kurzen Zeithorizont mit geringer Kooperationsintensität statt. Die Match-Phase zeichnet sich durch eine höhere Kooperationsintensität bei gleichzeitig höherem Zeithorizont aus. Dabei geht es darum herauszufinden, ob im Rahmen der gemeinsamen Zusammenarbeit der Nutzen einer Kooperation nachgewiesen werden kann. Die Partner-Phase definiert sich als mittel- bis langfristige Zusammenarbeit. Kooperationsformen lassen sich ebenfalls durch die Gegenüberstellung von operativer Beteiligung und finanzieller Beteiligung unterteilen. Wie in Abb. 2.8 zu sehen, werden insgesamt neun verschiedene Kooperationsformen identifiziert: der informelle Austausch, eine Kunden-Lieferanten-Beziehung, strategische Entwicklungspartnerschaften,

Tab. 2.4 Große etablierte Unternehmen vs. Start-ups. (Quelle: Eigene Erstellung in Anlehnung an Hilse und Susemihl 2018, S. 21)

Dimension	Etabliert	Start-up
Alter des Unternehmens & zeitliche Aspekte	Von Erfolgen der Vergangenheit geprägt Viele Jahre etabliert	Fokussiert auf Gegenwart und Zukunft Existiert seit kurzer Zeit
Unternehmensgröße	(Sehr) groß Funktionale und differenzierte Organisation	Kleines Team Nur bedingt funktional differenziert
Unternehmensziele und –strategie	Orientiert auf Planungssicherheit: Gewinn-, Kosten- und Effizienzziele	Fokus liegt auf kurzfristigem Überleben: Wachstumsziele und Liquiditätssicherung
Strukturen und Prozesse	Sehr klar strukturiert: Ausgeprägtes Regelwerk, hohes Maß an Standardisierung und Stabilität	Sehr geringe Strukturierung: Hohes Maß an Dynamik, Flexibilität sowie Agilität
Kultur und Zusammenarbeit	Formell: Klare Identität mit etablierten Mustern und Verhaltensregeln	Informell: Gründungsorientiert tendenziell mit starker Bindung zum Gründungsnetzwerk
Innovationscharakteristika	Fokus auf inkrementelle Innovation	Fokus auf disruptive Innovation

VC-Investments, Innovationskooperationen, strategische Partnerschaften, Finanzbeteiligungen, Innovationseinheiten sowie der Aufbau eines Neugeschäftes.

Die Partnerschaft von etablierten Unternehmen und Start-ups ist eine Form der Unternehmenskooperation, bei der komplett gegensätzliche Kooperationspartner kollaborieren. Dadurch ergeben sich naturgemäß hohe kulturelle Unterschiede in verschiedenen Dimensionen. Start-ups repräsentieren tendenziell ein schnelles und agiles Handeln, auch wenn mit zunehmendem Erfolg diese Dynamik sinkt. Etablierte Unternehmen auf der anderen Seite tendieren mit festen Routinen und effizienten Prozessen zu bürokratischeren Handlungsweisen.

Aus diesem hohen Maß an Unterschiedlichkeit resultiert ein Großteil der spezifischen Herausforderungen bei Start-up-Kooperationen etablierter Unternehmen. Diese Unterschiede treffen tagtäglich im Kooperationsalltag aufeinander. Dabei kommt es immer wieder zu wechselseitigen Berührungsängsten, Vorurteilen und

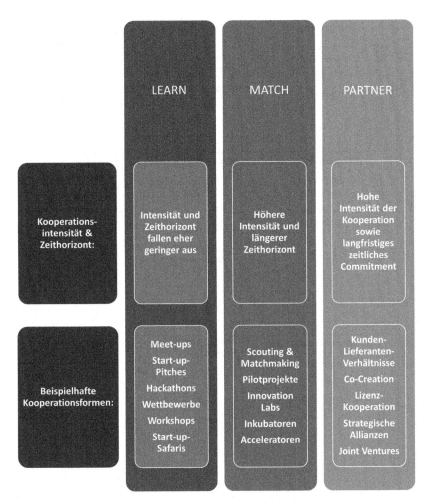

Abb. 2.7 Kooperationsformen (Learn – Match – Partner). (Quelle: Eigene Erstellung in Anlehnung an Wrobel et al. 2017, S. 38)

Abwertungen. Weiterhin zeigen sich teilweise hohe Widerstände gegenüber externer Innovation und Disruption. Dieser Widerstand ist oftmals mit bürokratischer Starre verbunden.

Finanzielle Unternehmens-Beteiligung	Gering	Mittel	Hoch
PE /M&A (50%-100%)	**Finanzbeteiligung** • Rein finanzielle Investition	**Innovationseinheit** • Joint Ventures mit Innovationspartnern • Innovationsdienstleisterpartnerschaften	**Neugeschäft** • Integration in bestehende Business Units • Integration als eigenständige und neue Unit
VC & Corporate VC (<25%)	**VC-Investment** • Risikokapita-Investition • Keine operative Einbindung	**Innovationskooperation** • Projekte mit Proof of Concept • Prototyp-Entwicklung • Pilotprojekte • Inkubatoren/ Acceleratoren	**Strategische Partnerschaft** • Zugang zum Netzwerk des etablierten Unternehmens • Wechselseitig Nutzen schaffen
Keine (0%)	**Informeller Austausch** • Marktbeobachtung • Kennenlerntreffen • Start-up-Pitches	**Kunden-Lieferanten-Beziehung** • Start-up als Lieferant • Innovations-Challenges • Kontakt/ Partnerschaft mit Innovationsabteilung	**Strategische Entwicklungspartnerschaft** • Vertraglich vereinbarte gemeinsame Kundenprojekte • Start-up-Angebote werden Teil der operativen Strategie des Unternehmens

Operative Beteiligung

Abb. 2.8 Kooperationsformen (finanzielle und operative Beteiligung). (Quelle: Eigene Erstellung in Anlehnung an Hilse und Susemihl 2018, S. 23)

Die unterschiedlichen Unternehmenskulturen führen zu einer Vielzahl an Kooperationsherausforderungen aus Sicht des etablierten Unternehmens. Zu den Herausforderungen gehören beispielsweise Schwierigkeiten bei der Definition gemeinsamer Ziele, Widerstände im eigenen Unternehmen, Unzuverlässigkeit der Start-ups, fehlendes Vertrauen, Datenschutzschwierigkeiten sowie keine gemeinsame Kommunikationsbasis.

Konkrete Herausforderungen sind dementsprechend vielseitig und treten je nach Kooperation in unterschiedlichen Variationen auf, je nach Form und Ausgestaltung der Zusammenarbeit.

Herausforderungen für etablierte Unternehmen

Aus der Perspektive des etablierten Unternehmens gibt es einige Sorgen: Start-ups fehlt es teilweise an Branchen- und Gründungserfahrungen. Sie unterschätzen dabei oftmals die Intensität und den Aufwand der Zusammenarbeit. Aufgrund fehlender Referenzen ist es zudem schwer für das etablierte Unternehmen abzuschätzen, wie zuverlässig die angebotene Lösung ist. Zudem müssen sich die Gründerinnen und Gründer tendenziell auf das etablierte Unternehmen als großen Partner einstellen und nicht umgekehrt. Weiterhin überschätzen Start-ups häufig den Mehrwert der aktuellen Lösung. Oftmals ist nur wenig Erfahrung in der Branche und bei der Gründung von Unternehmen vorhanden. Dadurch werden die Anforderungen einer Zusammenarbeit unter- und die Qualität der Lösung wird überschätzt. Möglicherweise existiert kein umfangreiches Verständnis darüber, wie Unternehmensprozesse funktionieren und welche Kriterien eine marktreife Lösung erfüllen muss, selbst wenn sie aus etablierten Unternehmen kommen. Daher müssen Lösungsanbieter nachweisen oder plausibel darlegen können, dass ihre Lösung einwandfrei funktioniert und den versprochenen Mehrwert bietet. Dadurch kann oftmals der potenzielle Schaden den potenziellen Nutzen überwiegen, da dem etablierten Unternehmen bei Unzuverlässigkeit Reputationsschäden drohen.

Zudem sind weitere hemmende Faktoren zu nennen: Eine harte und langwierige Entscheidungsfindung, unangemessene Vorstellungen über Beteiligungen am Eigenkapital, unangemessene oder unklare Erwartungen an die Zusammenarbeit, eine fehlende Augenhöhe bei der Zusammenarbeit, eine fehlende Kompromissbereitschaft, fehlendes Verständnis der gegenüberliegenden Perspektive, fehlender Ressourcenzugang, sind häufige Gründe für das Scheitern einer Kooperation. Hinzu kommen Faktoren wie das Fehlen einer klaren Steuerung und Governance der Zusammenarbeit, die fehlende Einbindung des Top-Managements sowie das Fehlen einer klaren Leistungsbeschreibung des Pilotprojektes, bei dem die Machbarkeit sowie der potenzielle Nutzen einer angebotenen Lösung zeitlich und ressourcenseitig begrenzt getestet werden. Eine weitere Herausforderung stellt die „Liability of

Newness" dar. Dahinter verbirgt sich die Wahrnehmung eines Start-ups als junges
Unternehmen mit wenig Struktur, welches keinen zuverlässigen Geschäftspartner
darstellt.

Herausforderungen für Start-ups

Auch aufseiten der Start-ups zeigen sich ebenfalls Herausforderungen, Hemmnisse
und Vorbehalte gegenüber etablierten Unternehmen. Diese sehen sich insgesamt
in der schwächeren Position, woraus existenzielle Sorgen hervorgehen. Darunter
fallen die Sorge um das Abwerben von Teammitgliedern, Ideenklau oder das Risiko,
aufgekauft zu werden. Hinzu kommen Bedenken um Dynamikverluste, welche aus
den bürokratischen Strukturen des etablierten Unternehmens resultieren.

Zusammenfassend betrachtet gestalten sich die spezifischen Herausforderungen
und Hemmnisse als vielschichtig. Eine Vielzahl dieser Faktoren lässt sich dabei auf
die großen Unterschiede der Unternehmen zurückführen. Dabei ist es wichtig, die
entsprechenden Faktoren frühzeitig zu erkennen und strategisch entgegenzuwirken.
Dabei sollten beide Kooperationspartner vor allem auf Augenhöhe agieren. Andern-
falls droht eine erhöhte Wahrscheinlichkeit für das Scheitern der Kooperation. In
Abb. 2.9 werden die Hemmenden Faktoren zusammengefasst dargestellt:

Auch wenn für die kulturellen Unterschiede zwischen Start-ups und etablierten Unternehmen große Brücken gebaut werden müssen, kann sich der Aufwand in
den Aufbau intensiver Kooperationsbeziehungen zwischen Start-ups und etablierten
Unternehmen beidseitig sehr lohnen. Denn neben den spezifischen Herausforderungen und Hemmnissen zeigen sich ebenfalls spezifische Erfolgsfaktoren bei Start-up-
Kooperationen, welche die Chance auf beidseitig zufriedenstellende Kooperationen
erhöhen. Diese sind naturgemäß eng mit den bereits genannten Herausforderungen
und Hemmnissen verbunden. Werden die genannten hemmenden Faktoren gezielt
ausgeschaltet, erhöhen sich gleichzeitig die Erfolgsaussichten der Kooperation.
Abb. 2.10 bietet eine kurze Übersicht über die genannten Erfolgsfaktoren.

Start-up-Kooperationen etablierter Unternehmen sind vor allem dann erfolgreich, wenn beide Partner wertschätzend und bewusst mit ihrer Unterschiedlichkeit
umgehen. Denn vor allem durch die Verschiedenheit können gerade diese Kooperationen einen hohen beidseitigen Nutzen erzeugen, solange beide Kooperationspartner komplementäre Fähigkeiten und Ressourcen in die Zusammenarbeit einbringen
und Schwächen auf beiden Seiten ausgleichen.

Start-ups sollte generell ein niedrigschwelliger Zugang zu einem etablierten
Unternehmen gewährt werden. Dies ermöglicht es Start-ups, von den Ressourcen, dem Wissen und den Netzwerken etablierter Unternehmen zu profitieren,
ohne von übermäßigen bürokratischen oder wirtschaftlichen Hürden behindert zu
werden. Es schafft eine offene und kooperative Umgebung, in der Start-ups ihr

Allgemein hemmende Faktoren bei Start-up-Kooperationen:	Harte und langwierige Entscheidungsfindungen
	Unangemessene Vorstellung bei der Eigenkapitalbeteiligung
	Unklare Erwartung an die Zusammenarbeit
	Fehlende Augenhöhe bei der Zusammenarbeit
	Fehlende Kompromissbereitschaft
	Fehlendes Verständnis gegenüber dem Kooperationspartner
	Fehlende Ressourcen
	Fehlen einer klaren Steuerung der Kooperation
	Fehlende Einbindung des Top-Managements
	Fehlen einer klaren Leistungsbeschreibung des Pilotprojektes
Hemmende Faktoren (Vorbehalte etablierter Unternehmen):	Start-ups fehlt es teilweise an Branchen- und Gründungserfahrungen
	Start-ups unterschätzen den Aufwand und die Intensität der Zusammenarbeit
	Aufgrund fehlender Referenzen ist es zudem schwer für das etablierte Unternehmen abzuschätzen, wie zuverlässig die angebotene Lösung ist
	Gründer und Gründerinnen stellen sich selten auf das etablierte Unternehmen ein und erwarten den umgekehrten Fall
	Start-ups überschätzen den Mehrwert der angebotenen Lösung
	Bei dem Scheitern der Lösungsimplementierung drohen dem etablierten Unternehmen hohe Reputationsschäden
Hemmende Faktoren (Vorbehalte Start-ups):	Die schwächere Marktposition des Start-ups wird durch das etablierte Unternehmen ausgenutzt
	Risiko für das Abwerben von hochqualifizierten Gründungsmitgliedern/ Mitarbeitern
	Risiko für Ideenklau, die mit größeren Ressourcen schneller umgesetzt werden könnten
	Risiko aufgekauft zu werden
	Angst vor Dynamikverlusten aufgrund der starren und bürokratischen Prozesse des etablierten Unternehmens

Abb. 2.9 Hemmende Faktoren bei Start-up Kooperationen. (Quelle: Eigene Erstellung in Anlehnung an Hilse und Susemihl 2018; Engels und Röhl 2019; Schmitt 2021; Heider et al. 2020; Arnim et al. 2018)

Erfolgsfaktoren bei Start-up-Kooperationen	Schaffen eines niedrigschwelligen Zugangs in das etablierte Unternehmen
	Standardisierte Prozesse an die Bedürfnisse der Start-ups anpassen und verschlanken (z.B. Anpassung der Einkaufs- oder Compliancerichtlinien)
	Schaffen von Navigationshilfen und Kontaktbörsen innerhalb der Organisation (erleichterte Identifizierung geeigneter Kooperationspartner innerhalb des Unternehmens)
	Zuverlässigkeit bei der Umsetzung
	Transparenz & Augenhöhe bei der Vertragsgestaltung
	Frühzeitige und gemeinsame Besprechung der Kooperationsziele, Erwartungshaltungen sowie der Thematisierung der kulturellen Unterschiede
	Flexibilität bei der Messung des Kooperationserfolges (Berücksichtigung weicher und harter Erfolgsfaktoren)
	Verbindliche Planung der Ressourcen und Kapazitäten für die Kooperation
	Klare und strukturierte Kommunikation
	Proaktives Schaffen von Vertrauen
	Einbindung des Top-Mangements
	Bewusstsein schaffen für die Unterschiedlichkeit und das Einbringen komplementärer Stärken
	Bereitschaft zeigen, auf den Kooperationspartner zuzugehen

Abb. 2.10 Erfolgsfaktoren bei Start-up Kooperationen. (Quelle: Eigene Erstellung in Anlehnung an Arnim et al. 2018; Wrobel et al. 2017; Heider et al. 2020; Kuckertz und Allmendinger 2018; Hilse und Susemihl 2018)

Potenzial entfalten können und die Innovation und Zusammenarbeit gefördert werden. Ein niedrigschwelliger Zugang kann verschiedene Aspekte umfassen, darunter beispielsweise:

- **Kommunikation und Kontaktaufnahme:** Etablierte Unternehmen sollten klare und zugängliche Kanäle schaffen, über die Start-ups ihre Interessen und Ideen kommunizieren können. Dies kann beispielsweise durch spezielle Ansprechpartner, offene Sprechstunden, Plattformen oder Veranstaltungen für Start-ups erfolgen.
- **Bürokratische Hürden:** Es ist wichtig, bürokratische und administrative Hürden zu minimieren. Dies umfasst beispielsweise die Vereinfachung von Vertrags- und Kooperationsvereinbarungen, die Reduzierung von rechtlichen und finanziellen Anforderungen sowie die Vermeidung übermäßiger Bürokratie und komplexer Prozesse.
- **Zugang zu Ressourcen:** Etablierte Unternehmen können Start-ups den Zugang zu ihren Ressourcen erleichtern. Dazu gehören beispielsweise die Bereitstellung von Arbeitsräumen, technischer Infrastruktur, Forschungs- und Entwicklungsmöglichkeiten, finanziellen Mitteln oder Mentoring-Programmen.
- **Netzwerke:** Start-ups profitieren von einem niedrigschwelligen Zugang zu den Netzwerken des etablierten Unternehmens. Dies kann den Zugang zu Kunden, Partnern, Zulieferern oder Investoren erleichtern und ihnen helfen, sich schneller auf dem Markt zu etablieren.
- **Expertise und Unterstützung:** Etablierte Unternehmen können ihr Fachwissen, ihre Erfahrung und ihre Ressourcen nutzen, um Start-ups bei der Weiterentwicklung ihrer Produkte, beim Skalieren ihres Geschäfts oder bei der Überwindung von Herausforderungen zu unterstützen. Dies kann beispielsweise durch Beratung, Schulungen, Mentoring oder gemeinsame Forschungs- und Entwicklungsprojekte erfolgen.

Weiterhin sollte es den Start-ups erleichtert werden, innerhalb des Unternehmens fachlich geeignete Mitarbeiter als Kooperationspartner zu finden. Dabei können folgende Maßnahmen als Orientierung dienen:

- **Interne Veranstaltungen und Plattformen:** Das Unternehmen kann interne Veranstaltungen oder Plattformen organisieren, auf denen Start-ups ihre Lösungen und Ideen präsentieren können. Dadurch erhalten sie die Möglichkeit, potenzielle Kooperationspartner innerhalb des Unternehmens kennenzulernen und sich mit ihnen auszutauschen.

- **Mentoring und Unterstützung:** Etablierte Mitarbeiter des Unternehmens können als Mentoren für Start-ups fungieren und ihnen bei der Identifizierung von geeigneten Kooperationspartnern helfen. Sie können ihre Erfahrungen und ihr Netzwerk nutzen, um Start-ups mit den richtigen Personen in Kontakt zu bringen.

- **Internes Innovationsmanagement:** Das Unternehmen kann ein internes Innovationsmanagement einführen, das den Austausch und die Zusammenarbeit mit externen Start-ups fördert. Durch gezielte Programme oder Plattformen können interne Mitarbeiter gezielt nach innovativen Start-ups suchen und gemeinsame Projekte initiieren.

Einen weiteren Erfolgsfaktor stellt das Überwinden des „Generationenkonfliktes" im Allgemeinen dar. Dieser entsteht durch die Gegensätzlichkeit hinsichtlich ihrer Unternehmenskultur, der -ziele und eingesetzten Managementinstrumente. Ein hoher Grad an Verpflichtung und eine transparente Vertragsgestaltung auf Augenhöhe sind ebenfalls von hoher Relevanz. Start-up-Unternehmer setzen im Rahmen der Zusammenarbeit auf eine Flexibilität hinsichtlich der Messung des Kooperationserfolges. Demnach sollten entsprechende Erfolgsfaktoren nicht nur auf finanzielle Kennzahlen reduziert werden, sondern darüber hinaus Lernfortschritte und Erkenntnisgewinne berücksichtigt werden.

Eine hohe Priorität besteht weiterhin darin, entsprechende Ressourcen und Kapazitäten für das Kooperationsvorhaben aufseiten des etablierten Unternehmens zu schaffen. Zudem müssen frühzeitig entsprechende Kooperationszielsetzungen, -erwartungen und die unterschiedlichen Kulturen thematisiert werden. Dabei ist eine klare und strukturierte Kommunikation von enormer Bedeutung.

Bei der Betrachtung der möglichen Hemmnisse einer Kooperation zwischen Start-ups und etablierten Unternehmen hat das Vertrauen einen hohen Stellenwert. Ohne eine entsprechende Vertrauensbasis können beidseitige Vorbehalte den Kooperationsbeziehungen im Weg stehen. Auch sollte sich das Top-Management im Rahmen der Kooperation fortlaufend engagieren, denn das Fehlen einer solchen Einbindung stellt ebenfalls einen hemmenden Faktor dar.

Erfolgreiche Kooperationen kommen vor allem dann zustande, wenn sich beide Partner ihrer Unterschiede bewusst sind und komplementäre Stärken einbringen. Dabei müssen beide Seiten die Bereitschaft aufweisen, auf den Kooperationspartner zuzugehen. Erfolgsfaktoren gestalten sich dabei als vielseitig. Dabei ist ein Agieren auf Augenhöhe unabdinglich. Zudem sollten beide Kooperationspartner frühzeitig Absprachen hinsichtlich der Gestaltung der Zusammenarbeit, aber auch der Zielsetzung treffen.

Innovation durch Kooperation und die Rolle von Start-ups im Innovationssystem

Es ist bekannt, dass eng miteinander kooperierende Unternehmen derselben Branche innovativer agieren im Vergleich zu konkurrierenden Organisationen, die nicht von einem solchen Netzwerk profitieren. Unternehmen sind daher gezwungen, ihren Innovationsprozess nach außen zu öffnen, um ihr Innovationspotenzial zu erhöhen. Hinzu kommt, dass tendenziell der Innovations- und Wettbewerbsdruck steigt, gleichzeitig sinken individuelle F&E-Budgets der Organisationen.

Eine Methode der Kooperation stellt in diesem Zusammenhang das Konzept der Open Innovation dar, bei dem sich ein Unternehmen nach außen öffnet, um neue Ideen mithilfe von externen Ressourcen zu realisieren und weiterzuentwickeln. Das Konzept stellt den Gegenentwurf zur Closed Innovation dar, bei der der gesamte Innovationsprozess nach innen gerichtet ist. Insgesamt sind drei Kernprozesse von Open Innovation zu nennen. Im Inside-out-Prozess gibt das Unternehmen intern entwickelte Erfindungen und Ideen extern heraus, sodass diese weiter realisiert werden können.

Inside-out-Prozess

Ein Technologieunternehmen gibt intern entwickelte Erfindungen und Ideen durch Lizenzvergabe an andere Unternehmen weiter. Ein Beispiel dafür ist die Lizenzierung von Patenten an andere Unternehmen, die diese Technologien in ihren Produkten nutzen können.◄

Der zweite Kernprozess wird Outside-in-Prozess genannt. Hierbei spielt vor allem der Kooperationsgedanke eine übergeordnete Rolle. Mit Hilfe des Outside-in-Ansatzes werden externes Wissen und externe Ideenquellen durch Kooperation in den Innovationsprozess des Unternehmens integriert. Eine andere Bezeichnung für diese Form der Kooperation lautet „interaktive Wertschöpfung". Dabei werden Aufgaben, welche initial unternehmensintern betreut wurden, an ein großes externes Netzwerk von Kunden, Nutzern oder anderen Akteuren vergeben. Aufgaben können in diesem Fall beispielsweise eine Innovation darstellen.

Outside-in-Prozess

Ein Automobilhersteller kooperiert mit Start-ups im Bereich der Elektromobilität, um externes Wissen und innovative Ideen in den Entwicklungsprozess von Elektrofahrzeugen einzubringen. Durch die Zusammenarbeit mit Start-ups können neue Technologien und Lösungen schneller entwickelt und umgesetzt werden.◄

Der dritte Kernprozess (Coupled-Prozess) beschreibt eine Kombination aus den ersten beiden Ansätzen und zielt unter anderem darauf ab, Branchenstandards zu etablieren.

Coupled-Prozess

Ein Konsortium von Unternehmen aus der Telekommunikationsbranche arbeitet zusammen, um gemeinsame Standards für die 5G-Technologie zu etablieren. Indem sie ihre Ressourcen und ihr Fachwissen teilen, können sie die Entwicklung und Einführung von 5G beschleunigen und die Interoperabilität der verschiedenen Systeme sicherstellen.◄

Unternehmenskooperationen spielen bei Innovationsprozessen eine immer bedeutendere Rolle. Unternehmen stehen hierbei verschiedene Möglichkeiten zur Verfügung, um zu kooperieren. Die Open-Innovation-Methodik ist ein vielversprechender Ansatz, um die Innovationspotenziale zu stärken. Start-ups stellen dabei potenziell wichtige Kooperationspartner für etablierte Unternehmen dar, da sie ein tragender Bestandteil im gesamten Innovationssystem sind und häufig im Open-Innovation-Prozess mit eingebunden werden. Hierdurch werden zur Entwicklung von Innovationen komplementäres Wissen und Know-how aufgebaut, sodass die Innovationskraft zusammen gesteigert werden kann. Abb. 2.11 fasst die wichtigsten Akteure aus der Start-up-Perspektive zusammen.

Festzuhalten ist, dass sich die Beziehungstypen je nach Akteur voneinander unterscheiden. Eigene Mitarbeiter dienen als Ressource für Wissenstransfer. Kapitalgeber wiederum stellen Investitionen und ihr eigenes Netzwerk zur Verfügung. Universitäten stellen eine weitere Wissensquelle zur Verfügung und bringen darüber hinaus eine gefestigte Infrastruktur in die Partnerschaft mit ein. Auch der Staat spielt innerhalb des Systems für Start-ups eine wichtige Rolle. Dieser fungiert als Infrastrukturbetreiber, agiert regulatorisch und partizipiert ebenfalls als Investor. Etablierte Unternehmen sind als potenzielle Kooperationspartner von großer Bedeutung. Diese schaffen für Start-ups Marktzugänge und nutzen wiederum die Kooperation, um Technologien, Wissen und ihr Image weiterzuentwickeln. In diesem Kontext können Start-up-Kooperationen als eine spezifische Form der Open Innovation betrachtet werden, mit dem Zweck, einen beidseitigen positiven Effekt auf die Leistungsfähigkeit zu erzielen. Start-up-Kooperationen sind dazu in der Lage, den Innovationsprozess etablierter Unternehmen drastisch

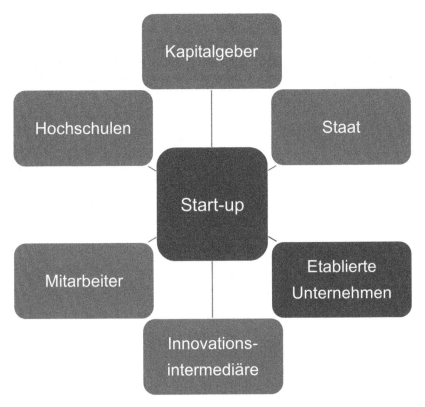

Abb. 2.11   Die Rolle von Start-ups im Innovationssystem. (Quelle: Eigene Erstellung in Anlehnung an Böhm et al. 2019, S. 34)

zu beschleunigen. Ein wichtiger Faktor für die Interaktion mit den unterschiedlichen Akteuren ist die räumliche Nähe zueinander. Diese hilft beispielsweise den Start-ups, schnell innovative Produkte an den Markt zu bringen und die eigene Wettbewerbsfähigkeit zu steigern.

Start-ups stellen einen festen Bestandteil im Innovationssystem dar und sind in der Lage, Innovationspotenziale zu steigern. Dabei stehen sie mit unterschiedlichen Akteuren in Beziehung zueinander, die sich unterschiedlich charakterisieren lassen. Start-up-Kooperationen sind allerdings keine Selbstläufer und weisen beispielsweise zu etablierten Unternehmen hohe kulturelle Unterschiede auf. Etablierten Unternehmen stehen verschiedene Möglichkeiten zur Verfügung, mit

Start-ups zu kooperieren. Insgesamt lässt sich eine starke Wechselwirkung zwischen Innovationssystem und innovativen Start-ups feststellen, da sie sich gegenseitig begünstigen. Ein starkes Ökosystem fördert die Ansiedlung hochinnovativer Start-ups, welche wiederum das System selbst stärken und hohe Innovations- und Kooperationspotenziale erzeugen. Entsprechend starke Innnovationsökosysteme stärken das regionale Wirtschaftswachstum.

Aktives Kooperationsmanagement

3

3.1 Was ist „aktives" Kooperationsmanagement?

Um eine Kooperation erfolgreich zu führen, ist es zwingend notwendig, ein professionelles Kooperationsmanagement zu etablieren. Optimalerweise wird dabei dieser systematische Grundaufbau dazu genutzt, die Kooperation aktiv in die gewünschte Richtung zu lenken. Doch was genau zeichnet ein aktives Kooperationsmanagement aus? Wie werden Kooperationen aktiv gestaltet?

Diese Fragen sind nicht leicht zu beantworten, denn hierzu bedarf es gleich mehrerer verschiedener Betrachtungswinkel. Am Ende zeichnet sich zudem jede einzelne Kooperation durch Besonderheiten aus, die individuelle Lösungsansätze erfordern. Wie auch beim Kooperationsmanagement selbst liegt nach heutigem Forschungsstand keine einheitliche Definition für ein „aktives Kooperationsmanagement" vor. Für ein gemeinsames Verständnis definieren wir wie folgt:

▶ **Aktives Kooperationsmanagement** Aktives Kooperationsmanagement beschreibt ein situations- und maßnahmengetriebenes Kooperationsverfahren, bei dem die Kooperationsbeziehung proaktiv und systematisch gesteuert wird, um die vorab definierten, in Kennzahlen überführten Kooperationsziele zu erreichen und somit Fehlentwicklungen frühzeitig entgegenzuwirken.

Auch beim aktiven Kooperationsmanagement handelt es sich um ein systematisches Management von Kooperationen, dessen Funktionen, Zielsetzungen und Elemente sich an den Kooperationsphasen und -prozessen orientieren. Übergeordnet differenziert sich ein aktives Kooperationsmanagement durch den Fokus auf Proaktivität hinsichtlich des Vorbeugens von Abweichungen sowie Fehlentwicklungen und die Kooperationsbeziehung selbst. Demgegenüber wird

© Der/die Autor(en), exklusiv lizenziert an Springer Fachmedien Wiesbaden
GmbH, ein Teil von Springer Nature 2023
M. H. Dahm und B. Novak, *Start-up-Kooperationen,* essentials,
https://doi.org/10.1007/978-3-658-42260-8_3

beispielsweise im Rahmen des klassischen Kooperationsmanagements eine proaktive Haltung gegenüber Fehlentwicklungen im Rahmen der Evaluierung als wichtige Anforderung genannt, jedoch nicht als zentraler Aspekt, um den das Kooperationsmanagement gestaltet wird.

Für eine bessere Orientierung lassen sich die in Abb. 3.1 gezeigten fünf Charakteristika eines aktiven Kooperationsmanagements festhalten.

Fünf Charakteristika eines aktiven Kooperationsmanagements	Bei einem aktiven Kooperationsmanagement handelt es sich um ein systematisches Management von Kooperationen, dessen Funktionen, Zielsetzungen und Elemente sich an den Kooperationsphasen und -prozessen orientieren
	Ein aktives Kooperationsmanagement stellt das Beziehungsmanagement und die Entwicklung der Geschäftsbeziehung in den Fokus des Kooperationsprozesses
	Ziel eines aktiven Kooperationsmanagements ist die durch Maßnahmen gesteuerte Entwicklung in die gewünschte Richtung. Dabei soll bereits während des Kooperationsprozesses möglichen Fehlentwicklungen entgegengewirkt werden.
	Im Rahmen eines aktiven Kooperationsmanagements wird die Kooperation in Projektform organisiert. Damit wird die Kooperation geplant, konzipiert, Ziele festgehalten und entsprechende Kennzahlen abgeleitet. Dementsprechend erhält eine kontinuierliche Erfolgsbegleitung eine hohe Gewichtung.
	Kooperationspartner ernennen jeweils die Rolle eines Kooperationsmanagers. Dieser ist Repräsentant, Ansprechpartner und Verantwortlicher für die Kooperationsbeziehung.

Abb. 3.1 Charakteristika eines aktiven Kooperationsmanagements. (Quelle: Eigene Erstellung in Anlehnung an Lange 2012; Meyer 2017; Hein und Dahm 2021)

Relationship-Alignment-Methode

Ein aktives Kooperationsmanagement wird beispielsweise in Form der Relationship-Alignment-Methode angewandt. Grundsätzlich sind zwei Anwendungsfälle vorgesehen: Der reaktive Relationship-Alignment-Ansatz wird bei bereits existierenden Geschäftsbeziehungen angewandt, um vorhandene konfliktgebeutelte Geschäftsbeziehungen neu aufzubauen. Im Gegensatz dazu dient der proaktive Ansatz zur Anwendung bei dem Beginn von neuen Partnerschaften oder Kooperationsbeziehungen. Aufgrund der Thematik liegt der Fokus im Folgenden auf dem proaktiven Ansatz. Es ist jedoch wichtig anzumerken, dass diese Methodik bei Start-up-Kooperationen in der Praxis nicht etabliert ist. Allerdings gibt es zum derzeitigen Zeitpunkt keine angewandte Methodik in diesem spezifischen Bereich. Die Relationship-Alignment-Methode stellt die grundlegenden Aspekte zudem sehr anschaulich dar und dient als Orientierungspunkt.

Die Relationship-Alignment-Methode unterteilt den Kooperationsprozess in vier aufeinanderfolgende Phasen: Vorbereitung/Analyse, Konzeption, Realisierung und Erfolgsbegleitung.

Jeder Phase werden analog zum allgemeinen Vorgehen eines professionellen Kooperationsmanagements spezifische Managementfunktionen, Module, Maßnahmen, Aufgaben und sogenannte „Deliverables" zugeordnet. Über alle Kooperationsphasen hinweg begleitet ein externer Relationship-Alignment-Berater den Prozess und verantwortet die entsprechende operative Umsetzung. Allerdings werden im Rahmen der kontinuierlichen Erfolgsbegleitung aufseiten der Kooperationspartner interne Relationship-Manager ernannt, die ab diesem Zeitpunkt Verantwortung für die Partnerschaft übernehmen. Hierbei muss allerdings berücksichtigt werden, dass die internen Relationship-Manager vorab in einem mehrmonatigen Prozess vom externen Berater ausgebildet und gecoacht werden. Im Folgenden werden die Phasen genauer betrachtet:

- Erste Kooperationsphase: **Vorbereitung und Analyse**
  Im Rahmen der Vorbereitung und Analyse werden Vorkehrungen für die Kooperation getroffen. Die Analyse dient zur Ausarbeitung der Beweggründe für die Zusammenarbeit. Hierbei werden aktive Maßnahmen ergriffen. Darunter fallen beispielsweise vorbereitende Gespräche mit den Sponsoren (Initiatoren) der sich anbahnenden Kooperation. Hierbei ist hervorzuheben, dass zu den Sponsoren auch das Top-Management zählt, welches frühzeitig in die Zusammenarbeit eingebunden wird. Zudem werden Schritt für Schritt weitere Beteiligte identifiziert und im Rahmen von Tiefeninterviews die entsprechenden Erwartungshaltungen beidseitig analysiert. Diese bilden zusammen die strategisch eingebundene Ebene der Kooperation. Die operative Ebene wird ebenfalls bereits in dieser

Phase eingebunden und befragt. Ziel ist es insgesamt, in dieser Phase Motive und Indikatoren für die angestrebte Zusammenarbeit zu identifizieren. Hierdurch wird ein gemeinsam abgestimmtes Vorgehen zur Kooperation aktiv entwickelt. Schlüsselfaktoren eines aktiven Kooperationsmanagements bilden zusammengefasst die Einbindung des Top-Managements sowie die strukturierte Analyse der strategischen und operativen Ebene.

• Zweite Kooperationsphase: **Konzeption**
Die zweite Phase stellt die Konzeption dar, bei der ein strategisches und taktisches Relationship-Alignment-Konzept erstellt wird. Zunächst wird anhand der bisher gesammelten Informationen ein Beziehungstyp entwickelt. Ähnlich wie auch in zwischenmenschlichen Beziehungen gibt es in Geschäftsbeziehungen unterschiedliche Ausprägungstypen, welche durch verschiedene Methoden klassifiziert werden können. Mithilfe der Henderson-Portfolio-Methode lassen sich zum Beispiel Beziehungen in transaktionale, wertschöpfende, spezialisierte und einzigartige Beziehungen unterscheiden. Ziel des Konzeptes ist es, einen reibungslosen Ablauf über alle Beziehungsphasen hinweg zu gewährleisten. Je nach Beziehungstyp werden feste Regeln für die Zusammenarbeit festgelegt, bis hin zur Entwicklung von spezifischen Kooperationsprozessen für die Entscheidungsfindung oder den Wissenstransfer. Dabei liegt der Fokus auf Strukturen und Elementen, wie beispielsweise Regeln der Zusammenarbeit, Prinzipien der wertschätzenden Kommunikation oder die aktive Aufarbeitung unternehmenskultureller Faktoren. Auch in dieser Kooperationsphase lassen sich bestimmte aktive Schlüsselelemente annäherungsweise identifizieren. Übergeordnet stellt die Entwicklung eines strategischen und taktischen Konzeptes eine aktive Grundlagenbildung dar, um einen gemeinsamen Kooperationsprozess zu entwickeln. Dabei werden die Kooperationspartner direkt eingebunden und definieren klare Strukturen und Regeln für die Zusammenarbeit. Weitere aktive Elemente stellen die Aufarbeitung unternehmenskultureller Faktoren (beispielsweise durch Workshops) dar sowie die Festlegung von Kommunikationsprinzipien. Dadurch wird übergreifend eine gemeinsame Ausrichtung entwickelt, welche langfristig angelegt ist. Das taktische Konzept dient dabei zur reibungslosen operativen Umsetzung.

• Dritte Kooperationsphase: **Realisierung**
Die dritte Phase beschreibt die Umsetzung der Maßnahmen, welche im Rahmen der Konzeption festgehalten werden. Im Rahmen eines initialen Relationship-Alignment-Workshops werden grundlegende Absprachen getroffen. Hierbei werden je nach Ergebnis der vorherigen Analysen konkrete Elemente bestimmt. Darunter fällt beispielsweise eine gemeinsame Charta der Zusammenarbeit, welche die Grundregeln institutionalisiert. Zudem wird ein Einblick in die jeweiligen

Prozesse der Kooperationspartner gegeben, um ein kollektives Verständnis voneinander und den definierten Zielen zu schaffen. Einen weiteren Aspekt bietet das persönliche Kennenlernen in Form von Teambuilding-Events. Die Abspracheergebnisse werden wiederum in die operative Ebene übergeben. Hieraus lassen sich ebenfalls aktive Elemente eines Kooperationsmanagements annäherungsweise herleiten. Es werden im Zuge der Realisierung konkrete und aktive Maßnahmen ergriffen, um die gemeinsame Zusammenarbeit beispielsweise durch Grundregeln festzuhalten. Weiterhin wird die Kooperation auf die gemeinsam getroffenen Ziele ausgerichtet. Außerdem zeigt sich ein weiterer Aspekt zur aktiven Gestaltung der Beziehung: Es werden „Teambuildingevents" veranstaltet, um den Zusammenhalt zu stärken und Vertrauen zueinander zu aufzubauen.

- Vierte Phase: **Erfolgsbegleitung**
  In der letzten Phase erfolgen die kontinuierliche Erfolgsbegleitung und deren Implementierung. Hierzu werden jeweils bei den Kooperationspartnern Relationship-Manager ernannt. Diese kommen der Funktion nach, die gemeinsame Partnerschaft weiterzuentwickeln. Zur Erfolgsmessung kommen verschiedene Messinstrumente zum Einsatz, wie beispielsweise die Relationship Scorecard. Neben einer aus der ersten Phase abgeleiteten konkreten Zielsetzung der Kooperation werden explizite Kennzahlen sowie der aktuelle Kooperationsstatus bestimmt. Eine für die Relationship-Alignment-Methode wichtige Messmethode bildet der Key Relationship Indicator (KRI), der den Zustand der Beziehung beschreibt. Hierbei werden ebenfalls die Motivation und Einstellung der beteiligten Mitarbeiter berücksichtigt. Mithilfe des KRI ist das Kooperationsmanagement dazu in der Lage, Fehlentwicklungen proaktiv zu erkennen und entsprechende Maßnahmen abzuleiten. Die Erfolgsbegleitung ist ebenfalls von hoher Bedeutung im Hinblick auf das aktive Kooperationsmanagement. Die Zusammenarbeit wird zielorientiert gesteuert, indem der Zielerreichungsgrad kontinuierlich und systematisch überprüft wird. Hinzu kommt die institutionalisierte Berücksichtigung des Zustandes der Beziehung, um möglichen Fehlentwicklungen entgegenzuwirken. Zudem werden aufseiten der Kooperationspartner Kooperationsmanager eingesetzt, die damit eine aktive Rolle im Beziehungs- und Kooperationsmanagement einnehmen. Das Vorhandensein eines Kooperationsmanagers ist dabei ein wichtiger Faktor zur Institutionalisierung.

Was Sie in Kürze aus der Theorie mitnehmen können:

- **Orientierung:** Im ersten Schritt sollten Sie sich im Rahmen Ihrer Start-up-Kooperation im Klaren sein, dass diese in den meisten Fällen keinen Selbstläufer darstellt. Je weniger Sie dem Zufall überlassen, desto zielorientierter können Sie Ihre Zusammenarbeit gestalten.

• **Eigenes Kooperationsmanagement überprüfen:** Überprüfen Sie, welche Maßnahmen, Funktionen und Elemente bei Ihren Start-up-Kooperationen angewandt werden. Sind diese bereits Teil einer aktiv geführten Zusammenarbeit? Welche weiteren Maßnahmen lassen sich gegebenenfalls ergänzend einführen?

3.2 Maßnahmen eines aktiven Kooperationsmanagements

Um eine Start-up-Kooperation aktiv zu steuern, müssen entsprechende Maßnahmen für das eigene Unternehmen identifiziert werden. Hierzu steht eine Vielzahl an Möglichkeiten zur Verfügung, um das entsprechende Kooperationsmanagement an die eigenen Bedürfnisse des Unternehmens anzupassen. Um diese Maßnahmen strukturiert auszuwählen, sollte in einem ersten Schritt die verschiedenen Gestaltungsdimensionen betrachtet werden, durch die gezielte Abläufe der Kooperation aufgebaut werden können. Übergeordnet sind das die in Abb. 3.2 dargestellten Gestaltungsdimensionen.

Institutionalisierung des aktiven Kooperationsmanagements
Die Gestaltung eines aktiven Kooperationsmanagements erfordert ein entsprechendes institutionalisiertes Rollenbild eines etablierten Kooperationsmanagers. Dies bildet die Grundlage für ein systematisches Management von Kooperationen. Im Kontext von Start-up-Kooperationen nimmt diese Managementrolle die Funktion einer klaren Ansprechperson aufseiten des etablierten Unternehmens ein. Sie bildet das Sprachrohr nach innen und außen. Zudem trägt sie die Verantwortung für den gesamten Kooperationsprozess und dessen Steuerung. Mithilfe von konzeptionellen Maßnahmen sollte dabei verhindert werden, dass entsprechende externe Kooperationen als Satellit wahrgenommen werden. Dies geschieht beispielsweise durch die aktive Einbindung weiterer Unternehmensabteilungen und -mitarbeiter. Um eine aktive Beteiligung realisieren zu können, stehen viele kreative Wege offen:

• **Strukturen schaffen zur Identifizierung von Kooperationspotenzialen durch Abteilungen und Mitarbeiter selbst:** Verschiedene Abteilungen und Mitarbeiter können selbst aktiv nach potenziellen Kooperationsmöglichkeiten mit Start-ups suchen. Dies kann durch die Teilnahme an Branchenevents, Netzwerktreffen oder die Suche nach Start-ups in spezifischen Innovationsbereichen

Gestaltungs-
dimensionen:

Institutionalisierung des aktiven Kooperationsmanagements

Wer übernimmt welche Rolle im Rahmen der Kooperation?

Aktive Gestaltung und Ausrichtung des Kooperationsprozesses

Wie lässt sich der Kooperationsprozess für mein Unternehmen optimal abbilden?

Welche internen Prozesse müssen für Start-up-Kooperationen für die Zusammenarbeit angepasst werden?

Wie berücksichtige ich die besonderen Bedürfnisse der Start-ups?

Wie binde ich das Start-up aktiv in die Gestaltung der Kooperation mit ein?

Aktives Beziehungsmanagement

Welche Maßnahmen in meinem Prozess ermöglichen den aktiven Aufbau von Vertrauen?

Wie können weitere Mitarbeiter des Unternehmens in die Kooperation eingebunden werden?

Wie wird das Top-Management in die Kooperation eingebunden?

Wie schaffe ich es, für die Start-ups eine Kooperation auf Augenhöhe zu etablieren?

Aktive Bestimmung und Messung des Kooperationserfolges

Wie werden im Rahmen der Kooperationsvorbereitung gemeinsame Ziele definiert und daraus resultierende Kennzahlen abgeleitet?

Wie werden sowohl harte als auch weiche Faktoren bei der Erfolgsmessung berücksichtigt?

Aktives Fehlentwicklungsmanagement

Wie lassen sich Fehlentwicklungen frühzeitig erkennen?

Wie können Fehlentwicklungen entsprechend gesteuert werden?

Welche Kontrollmechanismen sind in der Kooperation implementiert?

Wie lässt sich der Kooperationsprozess bei Planabweichungen für eine erfolgreiche Kooperation agil anpassen?

Abb. 3.2 Gestaltungsdimensionen eines aktiven Kooperationsmanagements. (Quelle: Eigene Erstellung)

geschehen. Durch eine gezielte Suche können passende Start-ups identifiziert werden, die zu den Zielen und Bedürfnissen des Unternehmens passen.

- **Bewertung und Auswahl von Start-ups:** Abteilungen und Mitarbeiter können bei der Bewertung und Auswahl von Start-ups aktiv mitwirken. Sie können an Bewertungsgesprächen teilnehmen, das Potenzial der Start-ups anhand von Kriterien wie Produktinnovation, Marktpotenzial oder technischer Expertise bewerten und Empfehlungen aussprechen. Diese Zusammenarbeit ermöglicht eine fundierte Entscheidungsfindung und eine höhere Akzeptanz der ausgewählten Start-ups im Unternehmen.

- **Definition von Kooperationszielen und -rahmen:** Abteilungen und Mitarbeiter können bei der Festlegung der Kooperationsziele und des Rahmenwerks aktiv mitwirken. Sie können ihre Fachkenntnisse und Erfahrungen einbringen, um klare Ziele für die Zusammenarbeit zu definieren, den Umfang der Kooperation festzulegen und die Erwartungen des Unternehmens zu kommunizieren. Durch diese aktive Einbindung wird sichergestellt, dass die Kooperation auf die Bedürfnisse und Anforderungen des Unternehmens abgestimmt ist.

- **Zusammenarbeit und Wissenstransfer:** Abteilungen und Mitarbeiter können aktiv mit den Start-ups zusammenarbeiten und einen regelmäßigen Wissenstransfer ermöglichen. Sie können ihre Expertise und Ressourcen teilen, um das Wachstum und die Entwicklung der Start-ups zu unterstützen. Dies kann beispielsweise durch gemeinsame Workshops, Mentoring-Programme oder den Austausch von Best Practices geschehen. Durch diese aktive Zusammenarbeit entsteht ein gegenseitiger Mehrwert und es entstehen neue Innovationsmöglichkeiten.

Aktive Gestaltung und Ausrichtung des Kooperationsprozesses
Neben der Institutionalisierung des Kooperationsmanagements stellt die aktive Gestaltung des Kooperationsprozesses einen weiteren Aspekt dar. Dabei sollten für die Zusammenarbeit mit Start-ups spezifische Prozessanpassungen vorgenommen werden, welche zielführend für die entsprechenden Kooperationsziele sind. Dabei sind vor allem die Bedürfnisse der Start-ups zu berücksichtigen. Im Vergleich zu klassischen Lieferanten oder anderen etablierten Partnerunternehmen befinden sich vor allem junge Start-ups in einer deutlich abweichenden Situation bei einer Partnerschaft. Dementsprechend muss auch das etablierte Unternehmen zwangsläufig eine andere Perspektive auf die Kooperation einnehmen und die Ansichten des Start-ups bei seinen Planungen berücksichtigen. Somit unterscheiden sich ebenfalls die Kooperationsprozesse, da schlichtweg andere Rahmenbedingungen die optimale Zusammenarbeit auszeichnen. Ein Beispiel hierfür sind spezifische

Einkaufsprozesse im Rahmen von Start-up-Kooperationen. Hierbei ist es empfehlenswert von den standardisierten Beschaffungsprozessen abzuweichen. So fehlt es häufig beispielsweise an Möglichkeiten, Vergleichsangebote von anderen Anbietern einzuholen, da die angebotenen Lösungen hoch innovativ und einzigartig sind. Darüber hinaus findet die erste Zusammenarbeit wie bereits beschrieben über kurze, intensive Pilotphasen zum Testen der Lösung statt. Längerfristige Lieferantenverträge erscheinen hier als wenig sinnvoll, da aufgrund der kurzen Existenz wenige bis gar keine historischen Daten über die Lösung oder auch das Start-up existieren. Auf der anderen Seite profitiert die Zusammenarbeit mit Start-ups von einem hohen Maß an Flexibilität und Agilität. Daher sind bürokratische Einkaufsprozesse in solchen Kooperationsformen kontraproduktiv.

Da in einer aktiv geführten Kooperation die Beziehung der beteiligten Partner im Vordergrund steht, sollten erfolgskritische Elemente der Zusammenarbeit gemeinsam bestimmt und individualisiert werden. Um auf Augenhöhe zusammenarbeiten zu können, sollten sich Vertreter von Start-ups und etablierten Unternehmen auf einen gemeinsamen Weg einigen, bei dem vor allem dem jungen Unternehmen ein gewisses Maß an Mitbestimmungsrecht zugesprochen wird. Dazu gehört beispielsweise die Mitbestimmung der Kooperationsziele, aber auch der entsprechenden Meilensteine. Dabei sollte jedoch optimalerweise auf einer übergeordnet strukturierten und standardisierten Grundlage aufgebaut werden, die den Rahmen des Kooperationsprozesses widerspiegelt. Kooperationen sollten bewusst mit Kontrollmechanismen ausgestattet werden, die an Exit-Optionen der Kooperation geknüpft sind. Um die Kooperation als internen Bestandteil des Unternehmens zu integrieren, sollten zudem spezifische Anknüpfungspunkte etabliert werden, bei denen Schnittstellen für andere Unternehmensabteilungen realisiert sind. Mitarbeitern sollten dabei bewusst Option aufgezeigt werden, wie sie sich an der Kooperation beteiligen können. Optimalerweise werden neue Anwendungsfälle der innovativen Lösungen identifiziert und Mitarbeiter intrinsisch motiviert. So können beispielsweise „Pitch Days" veranstaltet werden, bei denen themenspezifische Experten und Start-ups eingeladen werden und sich präsentieren. Hierzu werden ebenfalls auf freiwilliger Basis Mitarbeiter eingeladen.

Aktives Beziehungsmanagement
Viele Kooperationen scheitern an der Qualität der aufgebauten Beziehung der Kooperationspartner. Daher setzt ein aktives Kooperationsmanagement im Kern an diesem Aspekt an. Somit sollten auch in diesem Kontext aktive Maßnahmen implementiert sein. Vertrauen beziehungsweise der Aufbau von Vertrauen ist entscheidend für das Gelingen einer Kooperation. Allerdings kommt es in der Praxis oft vor, dass dieses Vertrauen nicht in vertrauensbildenden Maßnahmen kultiviert

wird, sondern eher ein externer Faktor zu sein scheint, welcher vorhanden ist oder nicht. Innerhalb einer aktiv geführten Kooperationsbeziehung sind, analog zur Relationship-Alignment-Methode, gerade während der Kooperationsvorbereitung vertrauensbildende Maßnahmen vorgesehen. Diese könnten im Rahmen einer Start-up-Kooperation während der Vorbereitung erfolgen, aber auch im Rahmen des Onboarding-Prozesses. Eine weitere Möglichkeit stellt dabei die Etablierung von Teambuilding-Events oder informellen Veranstaltungen dar. Darüber hinaus sollte von Anfang an eine transparente Kommunikation stattfinden, bei der Status, Ziele, Erwartungen, Bedenken und Grenzen jederzeit offen und ehrlich vermittelt werden. Falls bereits zu Beginn Vereinbarungen getroffen werden, gilt es, diese einzuhalten. Ein weiterer Aspekt, der nicht zu unterschätzen ist, ist, dass das etablierte Unternehmen den Schutz des geistigen Eigentums der Start-ups ernst nimmt und entsprechende Maßnahmen ergreift. Die Bereitstellung von rechtlichen Vereinbarungen und die Einhaltung von Vertraulichkeitsvereinbarungen tragen dazu bei, das Vertrauen in Bezug auf den Schutz sensibler Informationen und Innovationen zu stärken.

Zu einer aktiv geführten Kooperationsbeziehung zählt zudem die bereits beschriebene proaktive Einbindung weiterer Mitarbeiter, aber auch die Einbindung des Top-Managements in Form von Sponsorenrollen. Insgesamt wünschen sich Start-ups hierbei eine Kooperation auf Augenhöhe, bei der sich beide Kooperationspartner ihrer eigenen Rolle sowie der Rolle des Gegenübers bewusst werden.

Aktive Festlegung und Messung des Kooperationserfolges
Bereits im Zuge der Kooperationsvorbereitungen erfordern aktiv geführte Start-up-Kooperationen die gemeinsame Definition der Kooperationsziele sowie der relevanten Kennzahlen. Hierbei sind sowohl harte Faktoren wie Zeit, Budget und Qualität zu berücksichtigen als auch weichere Faktoren wie die Zufriedenheit im Rahmen der Zusammenarbeit, Weiterbildung der Mitarbeiter, positiver Einfluss auf die Unternehmenskultur oder auch auf das Image des etablierten Unternehmens. Gerade die Messung der weicheren Faktoren gestaltet sich zwar als schwierig, allerdings sollten diese den harten Faktoren übergeordnet werden. Ohne eine aktiv geführte Erfolgsmessung gestaltet sich das Management von Fehlentwicklungen als schwierig, da die Bewertungsgrundlage fehlen würde. Auch hier empfiehlt es sich, einen strukturellen Rahmen zu schaffen, beispielsweise in Form eines übergeordneten Innovationsprozesses mit vorab definierten Kontrollmechanismen. Die Definition der Ziele und Kennzahlen wiederum sollte auf individueller Ebene stattfinden und sich von einem standardisierten starren Prozess weiterentwickeln. Folgende Ziele und Kennzahlen können beispielsweise vereinbart werden:

- **Umsatz- oder Gewinnsteigerung:** Ziel ist es, den Umsatz oder Gewinn durch die Kooperation mit dem Start-up zu steigern.

  Kennzahlen: Umsatzwachstum, Gewinnsteigerung, ROI (Return on Investment), Deckungsbeitrag.

- **Markterschließung oder Marktführerschaft:** Ziel ist es, neue Märkte zu erschließen oder eine führende Position in einem bestimmten Marktsegment zu erreichen.

  Kennzahlen: Marktanteil, Anzahl der Neukunden, Marktexpansion, Kundenzufriedenheit.

- **Produkt- oder Serviceinnovation:** Ziel ist es, durch die Zusammenarbeit mit dem Start-up innovative Produkte oder Services zu entwickeln.

  Kennzahlen: Anzahl neuer Produkte oder Services, Innovationsbewertung, Zeit bis zur Markteinführung, Kundenakzeptanz.

- **Technologische Weiterentwicklung:** Ziel ist es, durch die Kooperation mit dem Start-up Zugang zu neuen Technologien oder Know-how zu erhalten.

  Kennzahlen: Anzahl der implementierten Technologien, Reduktion von Entwicklungszeiten, Verbesserung der Technologieinfrastruktur.

- **Effizienz- und Kosteneinsparungen:** Ziel ist es, die betriebliche Effizienz zu verbessern und Kosten zu senken.

  Kennzahlen: Einsparungen in den Beschaffungskosten, Produktionskosten oder Betriebskosten, Reduktion von Lieferzeiten, Effizienzsteigerung.

- **Mitarbeiterentwicklung und -bindung:** Ziel ist es, die Mitarbeiterentwicklung und -bindung durch die Kooperation mit dem Start-up zu fördern.

  Kennzahlen: Mitarbeiterzufriedenheit, Mitarbeiterbindung, Weiterbildungsteilnahme, Entwicklung neuer Kompetenzen.

- **Nachhaltigkeit und gesellschaftliche Verantwortung:** Ziel ist es, durch die Kooperation mit dem Start-up Nachhaltigkeitsziele zu erreichen und gesellschaftliche Verantwortung zu übernehmen.

  Kennzahlen: Reduktion des ökologischen Fußabdrucks, soziale Auswirkungen, Einhaltung von Nachhaltigkeitsstandards, CSR-Bewertung.

Aktives Fehlentwicklungsmanagement

Bei externen Kooperationen besteht aufgrund ihrer Komplexität ein erhöhtes Risiko für Misserfolge oder Stagnation. Das Management von Fehlentwicklungen spielt daher eine wichtige Rolle bei aktiv geführten Kooperationen. Dabei lassen sich zwei Hauptaufgaben des Fehlentwicklungsmanagements identifizieren: die frühzeitige Erkennung und die Steuerung von Fehlentwicklungen. Um Fehlentwicklungen frühzeitig zu erkennen, sind eine transparente Kommunikation und eine klare Zielrichtung für die Kooperation erforderlich. Durch die Verwendung geeigneter Kontrollmechanismen kann eine mögliche Fehlentwicklung identifiziert werden. Die Verantwortung für die Steuerung der erkannten Fehlentwicklung sollte gemeinsam von allen Kooperationspartnern getragen werden. Zunächst bietet es sich an, die grundlegende Zielsetzung der Kooperation zu hinterfragen. Sind beispielsweise realistische Erwartungen zugrunde gelegt worden? Wie ist die Fehlentwicklung entstanden? Welche Faktoren haben zu einer Fehlentwicklung geführt? Dadurch besteht die Möglichkeit, die Bestimmung und Messung des Kooperationserfolges sowie deren Zielsetzung anzupassen. Auf der anderen Seite können hierdurch bereits während der Kooperation im zweiten Schritt gemeinsame Lösungen entwickelt werden, um die Kooperation auf die gemeinsam gewünschte Linie zurückzuführen. Als dritte Möglichkeit bietet sich an, die Kooperation an dieser Stelle frühzeitig zu beenden, um Ressourcen zu schonen.

Im folgenden Abschnitt betrachten wir, welche konkreten Maßnahmen in der Praxis angewendet werden können, um die vorgestellten Gestaltungsdimensionen mit Leben zu füllen. Diese dienen in erster Linie als Orientierung für den Aufbau oder die Weiterentwicklung des Kooperationsmanagements im eigenen Unternehmen. Je nach Beispiel lassen sich diese teilweise in mehrere Gestaltungsdimensionen einordnen, da unterschiedliche Aspekte miteinfließen.

Institutionalisierung des aktiven Kooperationsmanagements

- **Klare Rollendefinition des Kooperationsmanagements:** Eine klare Rollendefinition des Kooperationsmanagements ist entscheidend. Die Funktionen und Verantwortlichkeiten sollten schriftlich festgehalten werden. Eine zentrale Aufgabe besteht darin, als internes und externes Sprachrohr zu fungieren. Das bedeutet, dass die Anliegen und Bedürfnisse des Start-ups intern kommuniziert werden, während die Anforderungen des Unternehmens nach außen getragen werden. Das Kooperationsmanagement sollte idealerweise als erster Ansprechpartner für Start-ups und andere potenzielle Partner mit Kooperationsinteresse fungieren. Es ist wichtig, dass die entsprechende Abteilung nicht isoliert betrachtet wird, sondern als integraler Bestandteil des Unternehmens wahrgenommen wird, um erfolgreiche Kooperationen zu ermöglichen.
- **Kooperationsverantwortliche bestimmen:** Sowohl auf der Seite des etablierten Unternehmens als auch auf der des Start-ups sollte ein Hauptverantwortlicher für die Kooperation festgelegt werden. Dieser fungiert als gegenseitige erste Anlaufstelle und steht optimalerweise in regelmäßigem Austausch hinsichtlich der Umsetzung und Erfolgskontrolle.

- **Vereinfachte Erreichbarkeit der Entscheidungsträger:** Eine schnelle und zielführende Kommunikation ist ein wichtiger Bestandteil, der in der Praxis jedoch aufgrund des operativen Tagesgeschäftes aufseiten des etablierten Unternehmens oft nur verzögert stattfindet. Dies führt bei zentralen Abstimmungen häufig zu Verzögerungen und fehlenden Informationen. Um diesem Problem entgegenzuwirken, empfiehlt es sich, neben der klaren Zuteilung der Verantwortlichkeiten den Weg zu den entsprechenden Entscheidungsträgern so kurz wie möglich zu gestalten. Hierbei bewährt sich beispielsweise die direkte Abstimmung zwischen Kooperationsverantwortlichen beider Kooperationspartner sowie dem Sponsor aus dem Top-Management. Eine direkte Abstimmung kann durch verschiedene Aspekte realisiert werden. Darunter fallen eine klare Zuteilung von Verantwortlichkeit, eine vereinfachte Erreichbarkeit der Entscheidungsträger, das Schaffen von effektiven Kooperationskanälen, die Festlegung von Eskalationsmechanismen sowie die Einrichtung regelmäßiger Status-Updates.
- **Vorbereitende Gespräche:** Um einen möglichst reibungslosen Start in die Zusammenarbeit zu ermöglichen, sollten vor Beginn der Kooperation vorbereitende Gespräche stattfinden. Die Möglichkeit des Kennenlernens bietet eine erste Ebene zur Schaffung von Vertrauen. Zudem kann die gegenseitige Erwartungshaltung abgestimmt werden.

Aktive Gestaltung und Ausrichtung des Kooperationsprozesses

- **Erfolgskritische Prozesse anpassen:** Um erfolgreiche Kooperationen mit Start-ups zu gewährleisten, sollten bestimmte Unternehmensprozesse an die spezifischen Bedürfnisse der Start-ups angepasst werden. Ein Beispiel dafür ist die Anpassung der Einkaufsprozesse für Start-up-Kooperationen.
- Durch die Anpassung dieser Prozesse wird die Zusammenarbeit mit Start-ups deutlich erleichtert und die Vorlaufzeiten werden verkürzt. Im Rahmen solcher Kooperationen werden oft sehr spezifische Anwendungsfälle durch innovative Maßnahmen gelöst. Daher ist es in vielen Fällen nicht zielführend, Vergleichsangebote einzuholen, da die entsprechenden Einkaufkriterien nicht erforderlich sind. Dadurch wird Zeit gespart und die Ressourcen der kooperierenden Start-ups werden geschont. Es ist wichtig, dass die Zielsetzung der jeweiligen Kooperation bei der Anpassung dieser Prozesse berücksichtigt wird. Indem Unternehmensprozesse auf die Bedürfnisse und Anforderungen der Start-ups abgestimmt werden, kann eine effiziente und erfolgreiche Zusammenarbeit ermöglicht werden.

- **Kooperationssteckbrief:** Bei konkreten Kooperationsvorhaben wird eine Projektdefinition erstellt. Dabei werden die entsprechenden Rahmenbedingungen, Anforderungen und Ziele der Kooperation in Form eines Steckbriefes festgehalten.

- **Kooperationsbriefing:** Um sicherzustellen, dass die angestrebte Kooperation im Unternehmensumfeld Rückhalt findet, ist es wichtig, alle relevanten Rahmenbedingungen den Unternehmens-Stakeholdern zu kommunizieren. Dies geschieht durch ein detailliertes Kooperationsbriefing. Im Rahmen des Briefings werden nicht nur die geplanten Aktivitäten und Ziele der Kooperation vorgestellt, sondern auch mögliche Risiken und Erfolgspotenziale hervorgehoben. Dadurch erhalten die Stakeholder einen umfassenden Überblick und können besser einschätzen, wie sich die Kooperation auf das Unternehmen auswirken könnte. Das Briefing bietet auch die Möglichkeit, gezielt nach Unterstützung in bestimmten Bereichen der Kooperation zu suchen. Durch die transparente Darstellung der Pläne und Ziele können potenzielle Sponsoren identifiziert werden, die bereit sind, die Kooperation finanziell oder ressourcentechnisch zu unterstützen. Dies ermöglicht eine gezielte Einbindung der relevanten Akteure und stärkt die Zusammenarbeit zwischen dem etablierten Unternehmen und dem Start-up. Das Kooperationsbriefing dient somit als wichtige Kommunikationsplattform, um das Verständnis für die Kooperation zu fördern, potenzielle Unterstützung zu gewinnen und eine solide Grundlage für den Erfolg der Zusammenarbeit zu schaffen.

- **Schriftliche Vereinbarungen:** Mündliche Zusagen sind selbstverständlich essenziell. Genauso wichtig ist es jedoch, die entsprechenden Vereinbarungen schriftlich zu fixieren. Gerade im späteren Verlauf und bei potenziellen Fehlentwicklungen können Missverständnisse auf fairer Basis geschlichtet werden. Darunter fallen beispielsweise Geheimhaltungsvereinbarungen, Datenschutzvereinbarungen, technische und organisatorische Maßnahmen oder auch Letter of Intents.

Aktives Beziehungsmanagement

- **Start-up-Scouting:** Hierbei ist der Kooperationsmanager damit betraut, auf Basis der Problemstellungen des Unternehmens eine Auswahl an Kriterien zu erstellen. Diese Kriterien dienen als Leitfaden für die gezielte Suche nach geeigneten Start-ups, die das spezifische Problem des Unternehmens lösen könnten. Bei der Recherche nach geeigneten Start-ups ist es von großer Bedeutung, die relevanten Entscheidungsträger einzubeziehen, die direkt mit der angestrebten

Problemlösung in Verbindung stehen. Ein Beispiel hierfür wäre der Technologie-Leiter, der über tiefgreifendes Fachwissen und Verständnis für die technologischen Anforderungen verfügt. Die aktive Einbindung der Entscheidungsträger gewährleistet, dass die Auswahlkriterien präzise und passend sind. Dadurch wird sichergestellt, dass die identifizierten Start-ups tatsächlich das Potenzial haben, die spezifischen Herausforderungen des Unternehmens anzugehen und zu lösen. Durch diese zielgerichtete Herangehensweise kann das Start-up-Scouting effektiv gestaltet werden, um aussichtsreiche Kooperationsmöglichkeiten mit den geeigneten Start-ups zu identifizieren.

- **Erwartungshaltung synchronisieren:** Start-ups interagieren oftmals sehr agil und streben danach, die Geschäftsidee mit großen Schritten weiterzuentwickeln. Dementsprechend besteht eine grundlegende Erwartungshaltung an das Kooperationsprojekt. Hierbei kann das etablierte Unternehmen jedoch meist nur begrenzte Ressourcen in die Zusammenarbeit investieren. Diese müssen zudem oftmals mehr oder weniger bürokratische Entscheidungsprozesse durchlaufen. Daher ist es ratsam, die Kapazität des Unternehmens auf der einen mit der Agilität des Start-ups auf der anderen Seite auf ein realistisches Niveau zu synchronisieren.

- **Kooperationssponsoren:** Damit Kooperationen mittelfristig nicht im Sande verlaufen, ist es ratsam, das Top-Management frühzeitig in die Zusammenarbeit einzubinden. Dies kann beispielsweise durch eine Sponsorenrolle erfolgen. Hierbei dient der Sponsor als höchster Entscheidungsträger und sichert zu, die Kooperation und die damit verbundenen Interessen auf höchster Ebene mitzutragen. Ein entsprechender Sponsor mit hoher Entscheidungskompetenz schafft ein hohes Maß an Verbindlichkeit innerhalb des Unternehmens. Die Einbindung der Entscheidungsträger in den Kooperationsprozess erfolgt nicht auf operativer Ebene, sondern innerhalb klar definierter Entscheidungsprozesse. Dies bedeutet, dass die Verantwortlichen nicht einfach ad hoc Entscheidungen treffen, sondern dass ein strukturierter Rahmen geschaffen wird, um die richtigen Entscheidungen zu treffen. Eine entscheidende Rolle für die Kooperation spielt dabei der Sponsor. Der Sponsor ist eine Führungsperson, die die Kooperation unterstützt und deren Erfolg aktiv vorantreibt. Sollte kein Sponsor für die Kooperation gefunden werden, ist es ratsam, die Relevanz der angestrebten Zusammenarbeit kritisch zu hinterfragen. Das Fehlen eines Sponsors kann darauf hinweisen, dass die Kooperation möglicherweise nicht ausreichend strategisch oder erfolgversprechend ist. In einigen Unternehmen ist es sogar gängige Praxis, dass keine Kooperationen durchgeführt werden, wenn der Vorstand nicht explizit seine Zustimmung für die Zusammenarbeit äußert. Das verdeutlicht die Wichtigkeit einer klaren

Unterstützung auf höchster Führungsebene und die Bedeutung einer fundierten Entscheidungsfindung, um den Erfolg von Kooperationen zu gewährleisten.

- **Beidseitiges Risikobewusstsein:** Das Risiko, welches Start-up und etabliertes Unternehmen tragen, unterscheidet sich in der Praxis sehr stark voneinander. Für etablierte Unternehmen stellen gescheiterte Kooperationen häufig kein hohes Risiko dar, auch wenn dies mit entsprechenden Kosten und Ressourcenaufwand verbunden ist. Für Start-ups sind die vorhandenen Risiken teilweise existentiell. Die Zusammenarbeit erfordert gerade bei jungen Unternehmen meistens einen Großteil der ohnehin schon geringen Ressourcen. Weiterhin besteht ein ungleiches Kräfteverhältnis zwischen Start-up und etablierten Unternehmen. Das Abwerben von hochqualifizierten Gründern oder auch die Aneignung erfolgskritischer Ressourcen, Verfahren und Ideen sind hohe Risiken für das Start-up. Nicht zuletzt kann das gesamte Start-up durch eine Anteilsübernahme dem Unternehmen einverleibt werden. Für eine erfolgreiche Zusammenarbeit sollte ein beidseitiges Verständnis über die Risiken im Rahmen der Kooperation vorhanden sein. Eine einseitige Risikobewertung sollte hingegen vermieden werden.

- **Mitarbeiterbeteiligung:** Die Beteiligung der Mitarbeiter ist ein wichtiger strategischer Aspekt für den Erfolg von Kooperationen. Es ist entscheidend, Mitarbeiter auf operativer Ebene einzubeziehen, jedoch mit Fokus auf spezifische Themenbereiche und unter Berücksichtigung ihrer bereits bestehenden Arbeitsbelastung. Um die richtigen Mitarbeiter auszuwählen, ist es sinnvoll, sich zunächst mit den jeweiligen Team- oder Abteilungsleitern auszutauschen. Dadurch können die geeigneten Mitarbeiter identifiziert und zugewiesen werden. Um interessierte Mitarbeiter direkt anzusprechen, können themenspezifische Präsentationsveranstaltungen organisiert werden. Bei diesen Veranstaltungen werden Experten und Start-ups zu relevanten Innovationsbereichen eingeladen, um dem Unternehmen ihre Ideen und Lösungsansätze vorzustellen. Anschließend sollte eine geeignete Plattform geschaffen werden, um vertiefende Gespräche zu ermöglichen. Es ist wichtig sicherzustellen, dass interessierte Mitarbeiter ohne große Schwierigkeiten an den Veranstaltungen teilnehmen können und dass die Teilnahme grundsätzlich als Weiterbildungsmöglichkeit betrachtet wird. So wird gewährleistet, dass die Mitarbeiter aktiv am Kooperationsprozess teilnehmen und ihre Kenntnisse erweitern können.

Aktive Bestimmung und Messung des Kooperationserfolges

- **Nachvollziehbare Entscheidungsprozesse:** Im Verlauf der Zusammenarbeit stehen regelmäßig für beide Seiten relevante Entscheidungen an. Diese Entscheidungsprozesse sollten für das Start-up nachvollziehbar sein und dementsprechend transparent kommuniziert werden. Eine saubere vertragliche Grundlage spielt in diesem Kontext eine entscheidende Rolle. Optimalerweise findet über alle Kooperationsphasen hinweg ein offener Dialog statt.

- **Kontrollpunkte einführen:** Je nach Kooperationsform findet die Zusammenarbeit über einen mehrwöchigen, mehrmonatigen bis hin zu einem mehrjährigen Zeitraum statt. Dabei werden auf beiden Seiten viele Ressourcen gebunden mit dem Ziel einer erfolgreichen Kooperation mit beidseitigem Nutzengewinn. Daher ist es für beide Seiten sinnvoll, die zuvor definierten Kennzahlen und den Zielerreichungsgrad an verschiedenen Kontrollpunkten der Kooperation zu kontrollieren und entsprechende Maßnahmen abzuleiten. Das kann einerseits die frühzeitige Beendigung der Zusammenarbeit bedeuten, aber auch die Korrektur von Fehlentwicklungen oder sogar die einvernehmliche Zielkorrektur. Folgende Kennzahlen können in den verschiedenen Kontrollpunkten beispielhaft berücksichtigt werden:

1. Beginn der Kooperation:
   - Anzahl der definierten Kooperationsziele
   - Festgelegtes Budget für die Kooperation
   - Zeitrahmen für die Umsetzung der Kooperation
2. Zwischenzeitliche Überprüfung:
   - Anzahl abgeschlossener Meilensteine oder Etappen
   - Fortschritt bei der Umsetzung der Kooperationsziele
   - Einhaltung des Budgets und Ressourcenverbrauchs
3. Zusammenarbeit und Kommunikation:
   - Häufigkeit und Qualität der Kommunikation zwischen den Kooperationspartnern
   - Zufriedenheit der beteiligten Mitarbeiter mit der Zusammenarbeit
   - Effizienz der Entscheidungsfindung und Problemlösung
4. Ergebnisse und Leistung:
   - Umsatz- oder Gewinnsteigerung durch die Kooperation
   - Erreichen von Produkt- oder Markteinführungszielen
   - Kundenzufriedenheit und Feedback zu den kooperativen Produkten oder Dienstleistungen
5. Langfristige Auswirkungen:
   - Nachhaltiger Einfluss auf die Unternehmenskultur oder das Unternehmensimage

- Entwicklung von Innovationen oder neuen Geschäftsmöglichkeiten
- Bewertung der langfristigen Partnerschafts- oder Wachstumspotenziale

• **Mitgestaltungsoptionen der Start-ups:** Um das Kooperationsprojekt erfolgreich zu gestalten, ist es entscheidend, dass beide Seiten gleichermaßen Initiative zeigen. Daher ist es vorteilhaft, eine Kooperation auf Augenhöhe zu führen. Das bedeutet konsequenterweise nicht nur, dass das Projektmanagement auf beide Seiten aufgeteilt wird, sondern ebenfalls beidseitige Gestaltungsmöglichkeiten zugesprochen werden. Gerade das etablierte Unternehmen sollte sich hierbei offen zeigen und diese Möglichkeiten den kooperierenden Start-ups bereits im Kooperationskonzept ermöglichen. Das Kooperationsmanagement spielt eine entscheidende Rolle bei der Gestaltung der Zusammenarbeit. Es schafft klare Rahmenbedingungen, die jedoch flexibel genug sind, um sie individuell an die Bedürfnisse jedes Start-ups anzupassen. Durch den engen Austausch mit dem Start-up kann sich das volle Innovationspotenzial der Zusammenarbeit entfalten. Ebenfalls vorteilhaft ist die gemeinsame Bestimmung der Kooperationskennzahlen sowie -ziele. Mitgestaltung kann beispielsweise durch Kooperationsworkshops, regelmäßige Feedbackschleifen, eine offene Kommunikation oder auch durch schriftlich fixierte Mitgestaltungsreche realisiert werden.

Aktives Fehlentwicklungsmanagement
Offene Fehlerkultur: Die offene Fehlerkultur knüpft am zuvor genannten Punkt an. Für beide Seiten ist der transparente Umgang mit Fehlentwicklungen von großer Bedeutung, um Ressourcen zu schonen. Im Zweifel muss die Bereitschaft vorhanden sein, die Zusammenarbeit vorzeitig abzubrechen, sofern sich die erwarteten Mehrwerte nicht ergeben. Zudem wird so die Zufriedenheit für beide Kooperationspartner nachvollziehbar. Bereits zu Beginn der Kooperation sollte im beidseitigen Einverständnis ein Verhaltenskodex in Streitsituationen schriftlich fixiert werden.

3.3 Chancen und Herausforderungen eines aktiven Kooperationsmanagements

Ein aktives Kooperationsmanagement schafft über die gesamte Kooperation hinweg rahmengebende Strukturen. Hierdurch zeigen sich verschiedene Chancen auf. Kommunikationsprozesse können beispielsweise effizienter gestaltet werden. Die gesamte Kooperation ist zielgerichteter, sodass eine aktiv geführte Kooperation insgesamt für beide Seiten bessere Resultate erzielen kann. Mithilfe von proaktiven Maßnahmen können zudem auf der einen Seite mehrwertstiftende Maßnahmen führzeitig erkannt werden, auf der anderen Seite kann Fehlentwicklungen bereits während der Kooperation entgegengewirkt werden. Dies ermöglicht einen kontrollierten Umgang mit Potenzialen, aber auch mit Risiken, anstatt auf Basis von erkannten Zufallsereignissen. Aber auch konkreten Faktoren, die nachweislich zum Scheitern von Start-up-Kooperationen führen, kann mithilfe eines aktiven Kooperationsmanagements entgegengewirkt werden. Zu den Gründen für das Scheitern von Kooperationen gehören häufig die folgenden:

- Ein nicht involviertes Top-Management
- Kein klar definiertes Pilotprojekt
- Keine klare Steuerung der Zusammenarbeit
- Keine gegenseitige Anerkennung oder Zusammenarbeit auf Augenhöhe
- Unklare Erwartungen in Bezug auf die Kooperation
- Harte und langwierige Entscheidungsprozesse
- Unterschiedliche Unternehmenskulturen
- Schwierigkeiten bei der Definition von Kooperationszielen
- Eine unzureichende Vertrauensbasis
- Das Fehlen einer gemeinsamen Kommunikationsbasis

Ein aktives Kooperationsmanagement ist jedoch auch mit Herausforderungen verbunden. Aktiv geführte Kooperationen erfordern mehr zeitliche, kapazitive und finanzielle Ressourcen. Zudem müssen die Kooperationsmanager speziell geschult sein und bestimmte Fähigkeiten mitbringen. Diese Kommunikations-, Projektmanagement- oder auch verhandlungstaktischen Fähigkeiten sind möglicherweise initial nicht vorhanden, sondern müssen erlernt werden. Es ist äußerst wichtig, dass die zuvor entwickelten Konzepte basierend auf praktischen Erfahrungen kontinuierlich angepasst und verbessert werden. Nur so kann sichergestellt werden, dass die Zusammenarbeit flexibel bleibt und mögliche zusätzliche Belastungen für die beteiligten Mitarbeiter vermieden werden. Darüber hinaus ist es von großer Bedeutung, sicherzustellen, dass die Start-ups genügend Handlungsspielraum haben und nicht durch zu starre Rahmenbedingungen eingeschränkt werden. Eine zu enge Begrenzung könnte die Innovationskraft der Start-ups beeinträchtigen und den Erfolg der Kooperation gefährden.

3.4   Relevanz eines aktiven Kooperationsmanagements

Für etablierte Unternehmen gewinnen Start-up-Kooperationen immer mehr an Bedeutung im Hinblick auf die gesamte Unternehmensstrategie. Für Start-ups wiederum stellen etablierte Unternehmen den häufigsten Kooperationspartner dar. Innovations- und Wettbewerbsdruck steigen, gleichzeitig sinken individuelle F&E-Budgets. Aus diesem Grund sind Unternehmen mehr denn je gezwungen, ihren Innovationsprozess nach außen hin zu öffnen, um ihr Innovationspotenzial zu erhöhen. Dabei stellt sich jedoch nicht die Frage der Quantität, sondern der Qualität der eingegangenen Kooperationen. Somit existiert ein gewisser Wettbewerb unter den etablierten Unternehmen um Start-ups, welche ein hohes Kooperationspotenzial aufweisen. Daher lässt sich die Frage nach der Relevanz vor allem über die Start-up-Perspektive anschaulich betrachten. Denn die hohe Relevanz von Start-up-Kooperationen für etablierte Unternehmen ist hinlänglich bekannt.

Ein aktives Kooperationsmanagement kann verschiedene Bedürfnisse der Start-ups erfüllen. Aufgrund ihrer schwächeren Position müssen Start-ups ein hohes Maß an Vertrauen in die Kooperation haben, da sie insgesamt einem deutlich höheren Risiko ausgesetzt sind. Ein aktives Beziehungsmanagement erleichtert hierbei den Aufbau der benötigten Vertrauensbasis. Auf die einzelne Kooperation sollte dementsprechend gezielt individuell eingegangen werden. Selbst mit einem hohen Standardisierungsgrad der Kooperationsprozesse empfiehlt es sich, sich die Zeit zu nehmen, die Besonderheiten einzelner Kooperationsvorhaben gemeinsam zu identifizieren und bei Bedarf zu gewissen Teilen vom normierten Prozess abzuweichen. Eine gewisse Agilität und Handlungsspielraum sollten jederzeit bewusst eingeplant werden. Teilweise kann es so beispielsweise sinnvoll sein, je nach Kooperation Kennzahlen unterschiedlich zu gewichten, Zielsetzungen anzupassen oder auch den Kooperationszeitraum zu verändern. Dabei dient der Standardprozess vor allem als Leitplanke, um die Zusammenarbeit zielorientiert durchzuführen. Mithilfe eines aktiven Kooperationsmanagements entwickeln sich Kooperationen zu einem situations- und maßnahmengetriebenen Prozess. In den Augen vieler Gründer hebt ein höheres Mitspracherecht der Start-ups in der Kooperationsgestaltung das Innovationspotenzial der Zusammenarbeit. Nicht zuletzt ist für beide Kooperationsseiten ein aktives Fehlentwicklungsmanagement essenziell, um Ressourcen effizient einzusetzen. Falls sich eine Kooperation nicht zielführend gestaltet, bedeutet das vor allem für das Start-up einen hohen potenziellen zeitlichen und ressourcenseitigen Verlust. Daher deutet sich insgesamt an, dass ein aktives Kooperationsmanagement nicht nur die Erfolgswahrscheinlichkeit erhöhen kann, sondern sich ebenfalls zu einem Wettbewerbsvorteil für etablierte Unternehmen entwickeln könnte. Start-ups könnten sich tendenziell für die Kooperationspartner entscheiden, bei denen die Kooperation auf Augenhöhe stattfinden kann und die Erfolgsaussichten höher sind.

Handlungsempfehlungen für die Kooperation von etablierten Unternehmen und Start-ups

4

Die Zusammenarbeit zwischen etablierten Unternehmen und Start-ups kann viele Vorteile bieten, aber auch Herausforderungen mit sich bringen. Um eine erfolgreiche Zusammenarbeit zu gewährleisten, sollten folgende Handlungsempfehlungen berücksichtigt werden:

4.1 Handlungsempfehlungen für etablierte Unternehmen

- **Definieren Sie Ihre Ziele.**
  Bevor Sie mit der Zusammenarbeit mit einem Start-up beginnen, sollten Sie sich über Ihre Ziele im Klaren sein. Was möchten Sie erreichen, welches Problem wollen Sie lösen? Wollen Sie Ihre Innovationskraft stärken oder neue Technologien entwickeln? Definieren Sie Ihre Ziele und stellen Sie sicher, dass diese mit denen des Start-ups übereinstimmen.
- **Wählen Sie das richtige Start-up aus.**
  Es ist wichtig, ein Start-up auszuwählen, das zu Ihren Zielen und Ihrem Unternehmen passt. Achten Sie auf die Kompetenzen, die das Start-up mitbringt, und stellen Sie sicher, dass es eine gute Ergänzung zu Ihrem Unternehmen darstellt. Überprüfen Sie auch die Erfahrung des Start-ups und seine Erfolgsbilanz. Sofern es sich um sehr junge Start-ups handelt, können Sie alternativ zum Start-up die Vita der Gründer als Orientierung nehmen. Trauen Sie den handelnden Personen zu, die gemeinsame Problemstellung zu lösen? Sind die erforderlichen Kompetenzen vorhanden? Wie breit ist das Gründerteam aufgestellt, tritt dieses als gefestigtes Team auf?

- **Schaffen Sie ein gemeinsames Verständnis.**
  Bevor Sie mit der Zusammenarbeit beginnen, ist es wichtig, ein gemeinsames Verständnis zu schaffen. Diskutieren Sie Ihre Erwartungen und Ziele und stellen Sie sicher, dass beide Parteien verstehen, was von ihnen erwartet wird. Legen Sie auch die Rollen und Verantwortlichkeiten fest.
- **Schaffen Sie eine positive Unternehmenskultur.**
  Eine positive Unternehmenskultur kann eine erfolgreiche Zusammenarbeit fördern. Stellen Sie sicher, dass alle Mitarbeiter des Unternehmens die Bedeutung der Zusammenarbeit mit Start-ups verstehen und unterstützen. Fördern Sie eine offene Kommunikation und Zusammenarbeit zwischen den Mitarbeitern des Unternehmens und den Mitarbeitern des Start-ups. Sehen Sie den Austausch beispielsweise als Weiterbildungschance für Ihre Beschäftigten.
- **Bieten Sie Ressourcen und Unterstützung.**
  Start-ups haben oft begrenzte Ressourcen und Erfahrung. Als etabliertes Unternehmen können Sie Ihre Ressourcen und Erfahrungen nutzen, um das Start-up zu unterstützen. Bieten Sie Ihrem Start-up-Partner Unterstützung bei der Produktentwicklung, beim Marketing oder bei der Geschäftsentwicklung.
- **Seien Sie offen für Feedback.**
  Feedback ist ein wichtiger Bestandteil jeder erfolgreichen Zusammenarbeit. Seien Sie offen für das Feedback des Start-ups und nutzen Sie es, um Ihre Zusammenarbeit zu verbessern. Bieten Sie auch Feedback an und helfen Sie dem Start-up, seine Produkte und Dienstleistungen zu verbessern.
- **Betreiben Sie aktives Kooperationsmanagement.**
  Eine erfolgreiche Zusammenarbeit erfordert ein aktives Kooperationsmanagement. Stellen Sie sicher, dass es klare Kommunikationskanäle gibt und dass die Zusammenarbeit regelmäßig überprüft wird. Seien Sie bereit, Anpassungen vorzunehmen, wenn sich die Umstände ändern.

4.2   Handlungsempfehlungen für Start-ups

- **Definieren Sie Ihre Ziele**
  Bevor Sie mit einem etablierten Unternehmen zusammenarbeiten, sollten Sie sich über Ihre Ziele im Klaren sein. Was möchten Sie erreichen? Wollen Sie Ihr Netzwerk erweitern oder Ihre Produkte oder Dienstleistungen verbessern? Definieren Sie Ihre Ziele und stellen Sie sicher, dass sie mit denen des etablierten Unternehmens übereinstimmen. Beachten Sie vor allem das Verhältnis der von Ihnen voraussichtlich investierten Ressourcen gegenüber dem möglichen erzielbaren Nutzen. Meist müssen mehr Kapazitäten aufgewendet werden, als

zuvor angenommen wurde. Im Zweifel hemmen Sie ihr Wachstum, anstatt es zu beschleunigen. Falls bei Ihnen Zweifel bestehen, sollten Sie eher die Zusammenarbeit ablehnen, anstatt mit zu wenig einsetzbaren Kapazitäten zu kooperieren. Schlimmstenfalls leidet Ihre Branchenreputation und erschwert es Ihnen, weitere Kooperationspartner zu finden.

- **Wählen Sie das richtige Unternehmen aus**
  Es ist wichtig, ein Unternehmen auszuwählen, das zu Ihren Zielen und Ihrem Unternehmen passt. Achten Sie auf die Kompetenzen, die das Unternehmen mitbringt, und stellen Sie sicher, dass es eine gute Ergänzung zu Ihrem Unternehmen darstellt. Überprüfen Sie auch die Erfahrung des Unternehmens und seine Erfolgsbilanz. Auch wenn gerade in den ersten Jahren der Aufbau von Referenzen einen wichtigen Faktor darstellt: Setzen Sie sich intensiv mit der Auswahl potenzieller Kooperationspartner auseinander. Leiten Sie aus ihren Zielen Kriterien ab und lehnen Sie im Zweifel die Zusammenarbeit ab.
- **Schaffen Sie ein gemeinsames Verständnis**
  Bevor Sie mit der Zusammenarbeit beginnen, ist es wichtig, ein gemeinsames Verständnis zu schaffen. Diskutieren Sie Ihre Erwartungen und Ziele und stellen Sie sicher, dass beide Parteien verstehen, was von ihnen erwartet wird. Legen Sie auch die Rollen und Verantwortlichkeiten fest. Im Gründerteam selbst sollten Sie einen Projektleiter für die Kooperation bestimmen. Dieser hat den Fortschritt innerhalb der Kooperation gegenüber dem etablierten Unternehmen zu verantworten. Treten Sie gegenüber dem etablierten Unternehmen selbstbewusst auf und fordern Sie Mitspracherecht bei der Gestaltung der Zusammenarbeit ein. Letztendlich profitieren beide Seiten von einer Zusammenarbeit auf Augenhöhe.
- **Seien Sie transparent**
  Transparenz ist ein wichtiger Bestandteil jeder erfolgreichen Zusammenarbeit. Stellen Sie sicher, dass Sie transparent hinsichtlich Ihrer Geschäftsprozesse und Finanzen sind. Teilen Sie Ihre Pläne und Ziele mit dem etablierten Unternehmen und seien Sie offen für Fragen und Anregungen. Zudem empfiehlt es sich, strukturiert die Kooperationsfortschritt festzuhalten und den geplanten Zielen und Kennzahlen regelmäßig gegenüberzustellen. Damit messen Sie nachvollziehbar den Fortschritt der Zusammenarbeit aus Ihrer Perspektive und können diese im Zweifel bei Unstimmigkeiten mit der Perspektive des etablierten Unternehmens gegenüberstellen.
- **Bringen Sie Ihre Ideen und Perspektiven ein**

Start-up-Unternehmen haben oft neue Ideen und Perspektiven, die für etablierte Unternehmen von großem Wert sein können. Bringen Sie Ihre Ideen und Perspektiven ein und helfen Sie dem etablierten Unternehmen, neue Wege zu finden, um seine Produkte und Dienstleistungen zu verbessern.

- **Seien Sie flexibel**
  Eine erfolgreiche Zusammenarbeit erfordert Flexibilität. Seien Sie bereit, Änderungen vorzunehmen, wenn sich die Umstände ändern, und passen Sie sich den Bedürfnissen des etablierten Unternehmens an.
- **Aktives Kooperationsmanagement**
  Eine erfolgreiche Zusammenarbeit erfordert ein aktives Kooperationsmanagement. Stellen Sie sicher, dass es klare Kommunikationskanäle gibt und dass die Zusammenarbeit regelmäßig überprüft wird. Seien Sie auch bereit, Anpassungen vorzunehmen, wenn sich die Umstände ändern.

4.3   Zusammenfassung

Die Zusammenarbeit zwischen etablierten Unternehmen und Start-ups kann viele Vorteile bieten, aber auch Herausforderungen mit sich bringen. Wenn Sie diese Handlungsempfehlungen befolgen, können Sie eine erfolgreiche Zusammenarbeit gestalten und somit Innovation und Wachstum fördern. Stellen Sie sicher, dass Sie eine klare Vorstellung von Ihren Zielen haben, das richtige Start-up auswählen, ein gemeinsames Verständnis schaffen und eine positive Unternehmenskultur fördern. Bieten Sie Ressourcen und Unterstützung an und seien Sie offen für Feedback. Ein aktives Kooperationsmanagement ist ebenfalls entscheidend für eine erfolgreiche Zusammenarbeit.

Darüber hinaus sollten etablierte Unternehmen auch darauf achten, dass sie sich nicht zu stark in die Entscheidungen des Start-ups einmischen und ihm genügend Freiraum geben, um seine Ideen und Visionen umzusetzen. Es ist wichtig, dass beide Parteien von der Zusammenarbeit profitieren und dass das Start-up nicht als reiner Zulieferer betrachtet wird.

Fazit

5

Wir diskutieren in unserem Buch die Bedeutung von erfolgreichen Kooperationen zwischen Start-up-Unternehmen und etablierten Unternehmen für die Förderung von Innovation und Wachstum. Das Buch stellt umfangreiche Handlungsempfehlungen für beide Seiten der Zusammenarbeit bereit und betont die Wichtigkeit einer sorgfältigen Planung, einer klaren Kommunikation und eines aktiven Kooperationsmanagements. Es wird darauf hingewiesen, dass eine erfolgreiche Zusammenarbeit eine Win–win-Situation darstellen sollte, in der das Start-up-Unternehmen seine Unabhängigkeit bewahrt und das etablierte Unternehmen von der Innovation, Flexibilität und Agilität des Start-ups profitiert.

Darüber hinaus unterstreicht das Buch auch die Notwendigkeit, dass beide Seiten der Zusammenarbeit eine Kultur des Vertrauens und der Offenheit aufbauen, um eine erfolgreiche Zusammenarbeit zu gewährleisten. Es ist wichtig, dass Start-ups und etablierte Unternehmen sich gegenseitig respektieren und auf Augenhöhe arbeiten.

Eine weitere wichtige Erkenntnis aus dem Buch ist, dass die Zusammenarbeit zwischen Start-ups und etablierten Unternehmen auch eine Chance für den Austausch von Wissen und Erfahrungen bietet. Start-ups bringen oft frische Perspektiven und innovative Ideen mit, während etablierte Unternehmen ihre Erfahrung und ihr zum Teil über Jahrzehnte gereiftes Fachwissen einbringen können.

Insgesamt ist unser Buch eine wertvolle Ressource mit vielen praxisnahen Hinweisen für Verantwortungsträger in bestehenden oder anzubahnenden Partnerschaften zwischen Start-ups und etablierten Unternehmen.

© Der/die Autor(en), exklusiv lizenziert an Springer Fachmedien Wiesbaden GmbH, ein Teil von Springer Nature 2023
M. H. Dahm und B. Novak, *Start-up-Kooperationen,* essentials,
https://doi.org/10.1007/978-3-658-42260-8_5

Was Sie aus diesem *essential* mitnehmen können

- Was kennzeichnet etablierte Unternehmen, was Start-ups im Kooperationsprozess
- Was sind Stolperfallen und Hindernisse in der Zusammenarbeit
- Wie lassen sich Barrieren überwinden
- Wie sieht ein erfolgreiches aktives Kooperationsmanagement aus
- Wie lassen sich Maßnahmen eines aktiven Kooperationsmanagements in verschiedene Gestaltungsdimensionen einordnen
- Welche Erfolgsfaktoren und welche Hemmnisse gibt es bei der Zusammenarbeit
- Was sind Besonderheiten von Start-up-Kooperationen und wie lassen sich diese im Kooperationsmanagement berücksichtigen
- Wie kann ich mein eigenes Kooperationsmanagement aufbauen, überprüfen und optimieren

© Der/die Herausgeber bzw. der/die Autor(en), exklusiv lizenziert an Springer Fachmedien Wiesbaden GmbH, ein Teil von Springer Nature 2023
M. H. Dahm und B. Novak, *Start-up-Kooperationen,* essentials,
https://doi.org/10.1007/978-3-658-42260-8

Literatur

Achleitner, A.-K., Braun, R., Engel, N., Figge, C., & Tappeiner, F. (2010), Value Creation Drivers in Private Equity Buyouts: Empirical Evidence from Europe, The Journal of Private Equity, 13(2), S. 17–27.

Arnim, A., Schäfer, H., & Fink, A. (2018), Erfolgreiche Kooperation zwischen Start-up und Industriemittelstand zur Umsetzung von Innovationen. In: M. A. Pfannstiel & P. F.-J. Steinhoff (Hrsg.), Der Enterprise Transformation Cycle: Theorie, Anwendung, Praxis. Wiesbaden: Springer Fachmedien, S. 347–373.

Becker, T., Dammer, I., Howaldt, J., Killich, S., & Loose, A. (2007), Netzwerkmanagement: Mit Kooperation zum Unternehmenserfolg, 2. überarb. u. erw. Auflage. Berlin, Heidelberg: Springer.

Bode, A., Däberitz, I., & Fionik, J. (2011), Messung von Kooperationserfolg in Clustern, Schmalenbachs Zeitschrift für betriebswirtschaftliche Forschung, 63(7), S. 662–688.

Böhm, M., Hein, A., Hermes, S., Lurz, M., Poszler, F., Ritter, A.-C., Setzke, D. S., Weking, J., Welpe, I. M., & Krcmar, H. (2019), Die Rolle von Startups im Innovationssystem, Studien zum deutschen Innovationssystem. Berlin: Expertenkommission Forschung und Innovation (EFI).

Borrmann, F., Petersen, F., & Seeboth, A. (2021), Strukturwandel im Vertrieb – Kooperationen als Antwort auf die Herausforderungen verschiedener Unternehmenscluster. In: M. H. Dahm (Hrsg.), Kooperationsmanagement in der Praxis: Lösungsansätze und Beispiele erfolgreicher Kooperationsgestaltung. Wiesbaden: Springer Fachmedien, S. 219–238.

Dahm, M. H., & Hollerbach, S. (2021), Strategische Allianzen und Kooperationen – Ein Leitfaden für mehr Erfolg. In: M. H. Dahm (Hrsg.), Kooperationsmanagement in der Praxis: Lösungsansätze und Beispiele erfolgreicher Kooperationsgestaltung. Wiesbaden: Springer Fachmedien, S. 3–23.

Dahm, M., & Hein, A. (2014), Kooperation statt Konfrontation. Outsourcing erfolgreich gestalten, IM IO. Das Magazin für Innovation, Organisation und Management, 29(1), S. 66–73.

Daniela Manger (2010), Kooperation und Innovation, DIE Zeitschrift für Erwachsenenbildung, 2010(1), S. 27–30.

Deutsche Bahn AG (2020), Smarte Weichen erhöhen die Verfügbarkeit des Streckennetzes verfügbar am 26.05.2023 unter https://www.deutschebahn.com/de/Digitalisierung/sta rtups/db_startups/weichen-6898954.

Dorf, R. C., & Byers, T. H. (2005), Technology ventures. New York: McGraw Hill New York.

© Der/die Herausgeber bzw. der/die Autor(en), exklusiv lizenziert an Springer Fachmedien Wiesbaden GmbH, ein Teil von Springer Nature 2023
M. H. Dahm und B. Novak, *Start-up-Kooperationen*, essentials,
https://doi.org/10.1007/978-3-658-42260-8

Dregger, A. (2021), Was unterscheidet „gute" von „schlechter" Kooperation? – Ein psychologisches Modell zur Beratung von interorganisationalen Kooperationen. In: M. H. Dahm (Hrsg.), Kooperationsmanagement in der Praxis: Lösungsansätze und Beispiele erfolgreicher Kooperationsgestaltung. Wiesbaden: Springer Fachmedien, S. 59–96.

Engels, B., & Röhl, K.-H. (2019), Start-ups und Mittelstand: Potenziale und Herausforderungen von Kooperationen. Köln: IW-Analysen.

Faber Markus J. (2008), Open Innovation: Ansätze, Strategien und Geschäftsmodelle, 1. Auflage. Wiesbaden: Springer Gabler.

Hanisch, D., & Grau, R. (2020), Best Practice Open Innovation: 7 Methoden und welche Fehler es zu vermeiden gilt. Wiesbaden: Springer Fachmedien Wiesbaden.

Heider, A., Rüsen, T., Hülsbeck, M., Dethleffsen, C., & Orenstrat, R. (2020), Kooperationen zwischen Start-ups und Familienunternehmen. Motive, Erwartungen und Erfolgsfaktoren bei der Zusammenarbeit etablierter und junger Unternehmen. Witten: Wittener Institut für Familienunternehmen.

Hein, A., & Dahm, M. H. (2021). Kooperationen aktiv steuern – Die Relationship-Alignment-Methode. In: M. H. Dahm (Hrsg.), Kooperationsmanagement in der Praxis: Lösungsansätze und Beispiele erfolgreicher Kooperationsgestaltung. Wiesbaden: Springer Fachmedien, S. 41–58.

Hilse, H., & Susemihl, I. (2018), Erfolgreiche Kooperationen von Corporates und Start-ups. In: Zeitschrift für Organisationsentwicklung, 2018(1), S. 18–24.

Hoffmann, W. H. (2001), Management von Allianzportfolios: Strategien für ein erfolgreiches Unternehmensnetzwerk. Stuttgart: Schäffer-Poeschel.

Killich, S. (2011), Formen der Unternehmenskooperation. In: T. Becker, I. Dammer, J. Howaldt, & A. Loose (Hrsg.), Netzwerkmanagement: Mit Kooperation zum Unternehmenserfolg (S. 13–22). Berlin, Heidelberg: Springer, S. 13–22.

Kollmann, T., Kleine-Stegemann, L., Then-Bergh, C., Harr, M., Hirschfeld, A., Gilde, J., & Walk, V. (2021), Deutscher Startup Monitor 2021. Frankfurt am Main: PwC Deutschland.

Krause, M. B. (2018), Start-up meets Mittelstand – Innovationshemmnisse reduzieren durch Kooperationen. In: P. Plugmann (Hrsg.), Innovationsumgebungen gestalten: Impulse für Start-ups und etablierte Unternehmen im globalen Wettbewerb. Wiesbaden: Springer Fachmedien, S. 149–163.

Krüger, W., & Schwarz, G. (1997), Strategische Stimmigkeit von Erfolgsfaktoren und Erfolgspotentialen. In: Bleicher, K., Gomez, P. (Hrsg.) Strategische Unternehmungsplanung/Strategische Unternehmungsführung. Heidelberg: Physica, S. 75–104.

Kuckertz, A., & Allmendinger, M. P. (2018), Den „Generationenkonflikt" durch richtige Kooperation überwinden–was Startups von Großunternehmen erwarten, Hohenheim Entrepreneurship Research Brief, 1(17), S. 1–6.

Landström, H. (2007), Handbook of research on venture capital. Cheltenham: Elgar.

Lange, K. (2012), Leitfaden für den Aufbau und das Management stabiler Unternehmenskooperationen: Handlungsempfehlungen am Beispiel der deutschen Automobilindustrie Münster: Institut für Genossenschaftswesen der Westfälischen Wilhelms-Universität Münster.

Leppert, T., & Posor, H. (2021), Social Innovations – Innovationen aus der Kooperation von Wirtschaft und sozialem Sektor. In: M. H. Dahm (Hrsg.), Kooperationsmanagement in der Praxis: Lösungsansätze und Beispiele erfolgreicher Kooperationsgestaltung. Wiesbaden: Springer Fachmedien, S. 151–171.

Liebhart, U. (2007), Unternehmenskooperationen. Aufbau, Gestaltung und Nutzung. In: Management-Konzepte im Praxistest, 1. Auflage. Wien: Linde Verlag Ges.m.b.H, S. 732.

Mercandetti, Fabio, Larbig, Christine, Tuozzo, Vincenzo, Steiner, Thomas (2017), Innovation by Collaboration between Startups and SMEs in Switzerland, Technology Innovation Management Review, 7(12), S. 23–31.

Mercedes Benz Group (2022), Mercedes-Benz hebt mit ZYNC das Entertainment-Erlebnis im Auto auf ein neues Level verfügbar am 26.05.2023 unter https://media.mercedes-benz.com/article/dfc6b98a-a7f0-44b8-a73e-fd61038c2f09?q=zync.

Meyer, Lutz (2017), Erfolgsfaktoren im Mittelstand: Kooperationen mit Start-ups, Düsseldorf: Deloitte Deutschland.

Pyka, Andreas (2002), Innovation networks in economics: from the incentive-based to the knowledge-based approaches, European Journal of Innovation Management, 5(3), S. 152–163.

Rausch, Maike (2021), Organizational Citizenship Behavior zur Stärkung von kooperativer Zusammenarbeit. In: Dahm, Markus H. (Hrsg.), Kooperationsmanagement in der Praxis: Lösungsansätze und Beispiele erfolgreicher Kooperationsgestaltung, Wiesbaden: Springer Fachmedien, 2021, S. 117–129.

Röhl, Klaus-Heiner, Engels, Barbara (2021), Mehr Kooperation von Startups und Mittelstand als Chance für Digitalisierung und Innovationen, Wirtschaftsdienst, 101(5), S. 381–386.

Schäfer, Martina, Nölting, Benjamin, Schaal, Tamara, Zscheischler, Jana (2019): Leitfaden Kooperationsmanagement für Nachhaltigkeitsinnovationen, Berlin: Humboldt-Universität.

Schmitt, Marc (2021), Start-ups und etablierte Unternehmen – Eine schwierige Zusammenarbeit. In: Schwemmer, Martin, Seeßle, Patrick (Hrsg.), Logistik-Startups: Entstehung der „Neuen Logistik" aus Wissenschafts- und Unternehmenssicht, Wiesbaden: Springer Fachmedien, 2021, S. 293–304.

Statistisches Bundesamt. (o.D.a), Rechtliche Einheiten und abhängig Beschäftigte nach Beschäftigtengrößenklassen und Wirtschaftsabschnitten verfügbar am 26.05.2023 unter https://www.destatis.de/DE/Themen/BranchenUnternehmen/Unternehmen/Unternehmensregister/Tabellen/unternehmen-beschaeftigtengroessenklassen-wz08.html;jsessionid=E0D9406851CDDF69B77F87AC8DADA1A3.live711?view=main [Print].

Statistisches Bundesamt. (o.D.b), Unternehmen, Tätige Personen, Umsatz und weitere betriebs- und volkswirtschaftliche Kennzahlen: Deutschland, Jahre, Unternehmensgröße verfügbar am 26.05.2023 unter https://www.destatis.de/DE/Themen/Branchen-Unternehmen/Unternehmen/Kleine-Unternehmen-Mittlere-Unternehmen/_inhalt.html.

Sydow, Jörg (2010), Management von Netzwerkorganisationen – Zum Stand der Forschung. In: Sydow, Jörg (Hrsg.), Management von Netzwerkorganisationen: Beiträge aus der „Managementforschung", Wiesbaden: Gabler Verlag, S. 373–470.

Tippe, Andrea, Wesenauer, Andrea (2008), Kooperation zwischen Organisationen, Gruppendynamik und Organisationsberatung, 39(3), S. 300–315.

Tchibo GmbH (2023), Kinderwagen und Kinderfahrräder im flexiblen und nachhaltigen StrollMe Abo bei Tchibo verfügbar am 26.05.2023 unter https://www.tchibo.com/news/tchibo-bietet-strollme-abo-fuer-kinderwagen-und-raeder.

Vahs, D., & Brem, A. (2015), Innovationsmanagement: Von der Idee zur erfolgreichen Vermarktung. Stuttgart: Schäffer-Poeschel.

Wrobel, Martin, Preiß, Karina, Schildhauer, Thomas (2017), Kooperationen zwischen Startups und Mittelstand. Learn. Match. Partner.. Berlin: Alexander von Humboldt Institute
for Internet and Society.

Printed in the United States
by Baker & Taylor Publisher Services